Living Nature Cultural
SINCE 1999

Living Nature Cultural
SINCE 1999

Living Nature Cultural
SINCE 1999

Living Nature Cultural

SINCE 1999

# SOCIAL INTEREST

a challenge to mankind

# 自卑情結

你的困境，由你的認知和生活風格決定

Alfred Adler 阿德勒——著

文韶華——譯

人的自卑感，是在向前奮鬥的過程中耗損掉的，
你可以在生活的風暴或考驗裡發現它。

——阿德勒

〔目次〕Contents

【推薦序】

# 用阿德勒的眼、耳、心來看現今的心理問題

政治大學心理系、東吳大學心理系兼任副教授
中華民國諮商心理師公會全國聯合會祕書長
修慧蘭教授

處於二十一世紀的我們，不論成人或兒童，一方面享受到許多科技發展的成果，有更方便的交通工具、能更快速地與不同地區的人溝通聯繫、有更新的醫療技術等，但一方面也普遍感受到環境的多變、不確定、競爭與壓力，包含各種新的疾病與困擾問題也相對提高許多，例如憂鬱症、自閉症、情緒障礙、自殺，甚至性侵害等問題，對社會大眾而言，都已不是新鮮事了。很多人常會問這樣的問題：「為何社會愈科技化、愈進步，人的問題好像愈來愈多？」

在十九世紀末、二十世紀初，陸續有一些醫生注意到病人的症狀，和個人心理或潛意識有關，其中佛洛伊德（Freud）的心理分析理論，當屬最受注意也是影響之後理論發展最深的一個學派，

而阿德勒（Adler）雖也和佛洛伊德合作研究了約十年之久，但他在許多臨床實務經驗中，認為心理分析理論有其限制，而於一九一一年辭去維也納精神分析學會會長之職，並發展成立個體心理學（Individual Psychology），並著書說明此理論，本書即是阿德勒完成，而在一九三八年出版的一本論述其理論的重要著作。

阿德勒認為個人在面對問題、解決問題時，其實是受到個人生活風格（Life Style）的影響，個人生活風格是一種個人生活的基本方向，包含個性、生活計畫或生命地圖等；是從出生後，因為和他人的互動（如與父母的互動）而開始慢慢形成，包含每個人對於自己或對於他人的解釋，即漸漸形成一個固定模式或一個行為慣性，例如：「我是不受重視的」、「別人都是有目的、會傷害我的」或「只有征服其他人，才能讓社會認同自己」等，也就是這些對自己或他人的不同解讀方式，而做出對環境或問題的不同反應，或是一些異於常人的反應方式。

阿德勒雖如同佛洛伊德般，也認為幼年經驗、排行、父母如何與孩子互動，的確是影響個人風格的重要因素，但他並不譴責父母，不把所有責任放在個人（包括父母）身上，而是認為每個人擁有詮釋、影響及創造生活的能力。站在治療、幫助人的立場，阿德勒的治療目標是希望改進，如何幫助個人建立社會興趣（Social Interest），一種願意和他人接近、願意和他人合作的傾向，在社會中找到自己的位子、產生歸屬感與有貢獻感；並且幫助當事人改變其生活風格或型態，則可使個人消除原有症狀、適應社會，並解決問題突破困境。阿德勒在本書中用了許多例子來說明他的觀點。

雖然阿德勒在本書中提及外在表達行為，甚至如運動都是有其心理意涵，如超越自卑情結，此種論述在現今看來不一定是完全真確的，因為各種行為或反應方式，除了有其心理意涵外，其實還受到個人先天體質、基因、內分泌或神經等生理上的影響。例如目前發現不論在哪個國家，小女生與小男生在自由畫圖時，都有相類似的差異，例如女生常用鮮豔的紅色、黃色、橙色等，也較會畫靜態的人臉；男生卻常用沉重的顏色，如黑色，並較常畫汽車相撞、機器人打架等內容。之前對這些現象，較傾向是以社會化對不同性別的影響來解釋，認為是因為父母或社會（如書本、媒體）在教養過程中，不斷鼓勵女孩要用美的顏色、要喜歡文靜的東西，但目前在神經科學的研究中卻發現，上述差異是因兩性的視網膜厚度有差異，男性的視網膜較厚，布滿對動作和方向較敏感的「M細胞」，女生的視網膜則較多對顏色、質地較敏感的「P細胞」，因此造成上述相關行為或反應的差異。

阿德勒在書中也提及個人內分泌等生理或遺傳因素會影響行為，但他認為先天或生理上的差異，並無法完全限制個人的發展，就如阿德勒所言：「每一邪惡都可以發展出另外的一面，每一個信仰一定世界觀的人，都會在他的世界觀裡顯露出與其他同信仰者的世界觀不同的遠景，每一個精神官能症患者，都把自己與其他精神官能症患者區分開來，而此正是在展現每個個人與其他人不同的方面。」也就是說，雖然我們不能忽視生理對個人的影響，但也仍須重視環境社會對個人後天的影響性。

在二十一世紀的現在，再來看二十世紀初期的這本書，雖然書中的看法無法完全解釋目前的許多心理或行為問題，例如憂鬱症等疾病，但不可否認的，個人對世界的負面解讀，是憂鬱症患者的一個重要症狀，家人的支持、陪伴與理解，也是治療憂鬱症患者的重要因子，而這些觀點均出現在本書中。

在本書最後的附錄中，阿德勒對心理諮商實務者提出非常實用的建議，包含如何收費等，在現今看來仍是適合且頗具參考價值的。從此觀點，不得不佩服阿德勒，在距今約七十年前，就能看到即使在現在仍被重視的許多心理治療觀點。

【前言】

# 人類的困境，從兒童期就已經開始

在這世界上，每個人的獨特性，實在無法用一個簡短的公式，或用幾句話來表達。在心理學之中的普遍規則，包括我所創立的個體心理學所立下的規則，都應該只是研究「人類個體」這個學術領域的工具。

因此，我從不墨守成規，並且十分重視彈性和靈活性，更要求我自己要保有縝密的心思，好辨別真偽。由於我對於「規則」有著這樣的看法，讓我對於「個體在兒童時期就擁有自由的創造力，以及在日後人生中創造力會受到限制」這個觀點，愈來愈有信心。

因為這個觀點讓孩子在追求完美、自我實現、學習技巧、自我成長等自由表現方面時，擁有很大的空間。根據這個觀點，我們可以把環境和後天教養的影響，當成那些陶醉在遊戲中的孩子們，為他們自己建造一座生活城堡的建材和資源。

此外，我也深深領悟到另外一個重要觀念：從長遠的觀點來看，一旦孩子們要塑造自己的生活模式，就一定要朝向正確的方向，並且一定要用對方法，這樣他們才能禁得起人生的種種考驗，不會因為受到一點挫折，就讓那座象徵自己生活模式的城堡，在一瞬間崩潰。

孩子在成長過程之中，必定會經常碰到各種難以預料的問題，這時不能只依靠後天訓練的制式反應，或者先天的反應能力來解決它。如果我們把孩子們遇到的問題，都只靠這兩種先天或後天的能力來解決，是十分危險的。對孩子們來說，這個世界總是不停地給予他們各種不同的考驗，生命總是會有許多困難的問題在前面，等著他們用源源不絕的創造力來解決。

在各家心理學派中的那些重要術語，其實在背後都有著同樣的重大意義，不論是本能、衝動、感覺、思想、行動、對快樂與痛苦的態度、對自我的愛、社會興趣等等的名詞，都不例外。我們心中去套用什麼樣的生活模式或風格，就決定了我們在生活中的表現行為，因為「整體」決定「部分」的發展。

## 困境，可測出一個人的心理健康指數

事實上，要評估一個人的心理狀況如何，可以從「當他面臨無法逃避的困境時，會如何反應？」來觀察。人生之中會碰到許多問題和困境，這是每個人都必須面對的，包括我們對自己、對其他人，或對工作和愛情所採取的態度。通常在第一個問題還沒解決時，就已經和其他三個不同的問題糾結在一起了。而這些問題都不是容易解決的，並且是在生命之中無可避免的，卻又沒有人可以為我們解答，因為這些問題起源於個體和人類社會、地球及異性的關係。這些問題是否能解決，更決定了一個人的命運禍福。

人是整體社會的一部分，而一個人存在的價值，則取決於他是否能解決這些問題。這可以看成是學生必須面對的數學習題，錯得愈多，他的生命受到威脅的程度也就愈高。通常只有在人們對社會的信賴感沒有崩潰時，這些問題和威脅才不存在。

不幸的是，某些外在因素（不可控制的環境變數），會影響你是否解決自己的問題。或者，某些需要你和別人合作才能完成的任務，當你無法完成時，這些事通常就會導致你的心理出現一些病症：包括適應不良、神經症、精神官能症、自殺、犯罪、吸毒性犯罪或性變態等等。

如果一個人對社會生活愈來愈不能適應，我想知道的是——他對社會失去信賴和安全感的這種現象，到底是從什麼時候開始的呢？這不只是學術問題，對臨床治療也有相當重要的意義。

當我們在探索這個現象的過程中，意外發覺，這樣的不信賴感，可以從孩子童年初期的一些經驗中找到答案。事實上，兒童在早期的生活裡，就已經產生和社會疏離的現象，但是當我們發現到孩子們的這些心理障礙時，通常也可以看到孩子對心理障礙的錯誤反應。在對這些現象做進一步仔細研究後，可以發現：有的時候，合理的干擾會得到錯誤的回應；某些時候，錯誤的干擾得到不正確的回應；而某些時候，雖然是極為少見的錯誤干擾，卻又得到正確的回應。

所以，從這些研究結果我們發現，孩子在無法得到社會認同感或安全感時，就會朝錯誤的方向採取錯誤的行為策略，例如很多人深信，只有征服其他人，才能讓社會認同自己；而且他們相當執著，不願意讓任何反對他們的人，用各種方式把他們帶回正確的人生軌道上。

## 「人生意義」——讓脫軌心靈改邪歸正的一帖藥

因此，所謂的教育，不該只是鼓勵正面的影響力產生效果，也要去關心孩子們從這些影響力中創造了什麼，萬一他們所創造出來的方向是錯的，至少還有可改進的機會。

我們發現，最好的改進辦法就是提高孩子與他人合作的意願，以及對其他人產生興趣，這帖藥很有效，每一個案例都因此得到改善。

孩子一旦建立了他的生活法則、習性和活動，就能夠和最重要的社會興趣連結在一起，並且架構起自己生活的心理法則和遊戲規則。這些現象可以追溯到兒童五歲時，甚至在兩歲時就可以發覺。

本書主要的重點，是在討論人對於自己和外在世界的看法，也就是說，這本書要談的是有關孩子，以及日後沿著同一心理路線成長的成人，如何了解有關自己與世界的意義，以及這些意義對他們的重大影響。更重要的是「人生的整體性」，也就是所謂的「生活風格」（Style of Life），是在孩子還無法表達它的時候就建立起來的。如果他在智力方面繼續發展，就等於是在一個「生活風格」中發展起來的，這個風格是他從來沒有用語言去詮釋過的，因此他也無法去分辨對錯，甚至不能接受他人的批評。

總結來說，關於「人」自己與外在世界的關係，最好的檢測方式，就是看他在兩者間發現的意義，以及他賦予自己生命的意義。

現在，我們終於可以發現，了解自己的人生意義，發現不同人對人生意義的不同看法，是多麼重要。唯有了解自己的人生意義，才知道為何要度過人生困境，以及如何度過人生困境。

因此，我們可以說，「人生意義」就是連結「人」和這個世界的關係，才是克服人生困境的一帖心靈良藥。

# 第一章

# 自己與世界的關係

【第一章】

# 自己與世界的關係

我總認為，每個人在生活上的一舉一動，都等於是他在對世人展現或宣示自己的生存模式、能力和獨特風格的表演，也就是說，人的行為，始終來自於自身對自己或世界的觀念。請勿對此論點感到訝異，因為我們的感官所感受到的，只是我們主觀的錯覺，本來就不是實際的真相。而我們所認知的世界，也只是外在世界投映在我們心裡的主觀映像而已。當你投入心理學研究時，千萬別忘了塞內加（Seneca）的這句話：「如何解釋現實世界的意義，要看我們內在的詮釋風格和方式。」當我們的幻覺破滅，或者主觀認知和現實世界相衝突時，我們才會心甘情願地接受現實世界的一切，然後修正我們心中對這事實的主觀看法。

當某人看到一條蛇靠過來，不管那是真的毒蛇，或只是先入為主地認為那是一條毒蛇，對這個人來說，意義都是一樣的。就像從小被寵壞的孩子般，每當母親離開他身邊時，就會感到焦慮，對任何的人事物都會感覺害怕，即使是母親向他證實並不會有人對他不利，但他還是會焦躁不安。

羅患廣場恐懼症（Agoraphobia）的人不敢到大街上去，因為他會覺得地板不停地在搖動。事實上，在他沒有發病的時候，如果地真的開始搖動，他的反應也是一樣。這些病人的行為，某些時候從客觀的角度來看，其實是對的，因為那是他們存在的角度與世界。

我舉一個例子來說明：一個三十六歲的律師，他早已經對工作失去了興趣，導致事業不順利。他為自己做分析，那是因為他不能帶給顧客好印象，而且他總覺得自己很難和別人融洽地相處，尤其是和女孩子在一起時，他就會非常害羞。最後他十分勉強地，甚至可以說是心不甘情不願地結了婚，然而不到一年就離婚了。現在他和父母親同住，過著隱士般的生活，生活開銷大部分都由父母負擔。

他是一個獨子，母親非常溺愛他，總是陪伴在他身邊。母親不停地說服他和父親，讓他們相信，有一天他會成為一個很不平凡的人。當然，這位律師從小也一直這樣期許自己，而且他的成績十分優異，似乎也證明了他母親的想法沒有錯。然而，就像大部分被寵壞了的孩子，無法克制自己的慾望一樣，他染上了手淫的習慣，甚至上了癮，一直擺脫不掉。不久之後，這個習慣被人發現，同時讓他成為學校裡女同學們的笑柄。於是，他開始停止和外界的接觸，但又想像著自己在愛情與婚姻方面，可以得到別人所沒有的幸福。最後，他開始討厭全天下的女人，認為真正能給他愛的感覺的人，只有他的母親，而他的母親也完全被他支配，有相當長的時間，他把性方面的幻想都和母親連結在一起。

從這個案例中，我們可以很清楚看到，所謂的「伊底帕斯情結」（Oedipus Complex）不是一個「必然性」的事實。也就是說，並不是每個人內心都有這樣的情結，而是某些人被母親過度寵愛，所產生的不正常與不自然的結果。當這名內心充滿不安和虛榮心的男孩，覺得自己被女孩子出賣時，以及在他無法發展出對社會有充分的興趣和參與感，因而不能和其他人融洽相處時，更可以看出這種現象。

於是，在這位律師開始出社會謀生時，他得了憂鬱症，因此他再次打退堂鼓，遠離社會和其他人。像所有被寵壞的孩子一樣，他從小就很膽小，也很怕面對陌生人。長大之後，在和同性及異性間的人際關係裡，也一樣是消極被動且沒有自信。

同樣地，他不敢面對他的事業困境，這種情況一直延續到現在，至今仍沒有什麼改變。事情發展至此，只有一件事是可以肯定的：這個人的想法，一輩子都不會改變。他總是想出人頭地，然而，當他對成功沒有把握時，他又習慣性地選擇逃避。

他永遠不知道自己的人生理念，下面是我們幫他推想出來的真心話：「既然上帝不肯把勝利賜給我，我只好用撤退來躲避，並把這件事當成自己最後的人生目標。」

從這個角度來看，我們不能不承認他的做法是正確的、聰明的。在他自訂的人生意義和生存規則裡，沒有所謂的「理性」，也沒有「常識」和「邏輯」，存在的只是他所認同的「私人智慧」（Private Intelligence）。如果在這樣的人生觀中，有任何想法或理念在客觀事實上被別人否定時，他會不理別人的意見，並繼續執行他原來的計畫，沒有人可以改變他。

接下來的，是一個類似的案例，只是表現形式不同，也沒有上述那個律師有著不想和別人來往的強烈傾向。

他是一個二十六歲的男人，在家裡是次子，有一個哥哥和弟弟，母親則比較喜歡長子和么兒。因此，他十分嫉妒哥哥，決心要和哥哥的優異表現一較高下。結果，他對母親採取了批判和不認同的態度，他開始依賴父親，事實上，這種行為對一個孩子來說，是無可奈何的。

後來，他對母親的厭惡，在受到祖母與一名護士的惡習影響之下，開始蔓延到所有女人身上。這時的他，立志要擺脫女人的掌控，同時渴望支配男人的野心也愈來愈強烈，接著，他開始用盡各種方法要破壞哥哥的優越地位。例如哥哥體力比他好，在體操、打獵方面的表現優異，他因此就厭惡所有的運動，並且把這一項活動從自己的人生規則裡排除，就好像將女人從自己的世界裡排除一樣。他喜歡享受成就感，可是只有當成就帶給他勝利的快感時，他才會被某樣事物所吸引。

後來，有很長的一段時間，他愛上了一個女孩，但他卻故意和她保持距離，然而，那個女孩不喜歡這樣子的戀情，於是拋棄了他，投入另一個男人的懷抱。

可是他哥哥的婚姻卻很美滿，他又開始擔心自己不會那麼幸福，就像童年時媽媽對他的忽視那樣，讓他經常在眾人面前扮演次要或不重要的角色。於是，他內心有著對哥哥的一種強烈敵意，甚至有向哥哥挑戰的衝動。例如：有一次哥哥去打獵，帶回一張很好的狐皮，並以此為榮，他卻偷偷地把狐皮上面的白毛剪掉，以這種方法來消滅他哥哥的勝利。

情勢發展到最後，由於他的性本能（**Sexual Instinct**）可以滿足的機會比較少，相對地，被壓抑的能量就比較大，加上他把女性排除在自己的性愛名單之外，因此，他就只能走那唯一剩下的路——成為同性戀。

事實上，他的人生意義的內容不難解讀。他的人生意義是：「在做每一樣事情時，我都必須是優勝者。」因此，他把所有讓他覺得不能勝利的干擾因素都加以排除，以努力達到他的成功目標。為了了解他的病情，我和他有過多次會談，他在談話中表示，他不得不承認讓他痛苦而又煩惱的一件事，是他在和同性戀伴侶的某次性行為中，對方宣稱勝利，而這個勝利是因為他的性伴侶的魅力造成的。

對這個案例，我們也可以說他「自己的妄想」並沒有錯，有一些男人只要被女孩子拒絕，都會和他走同樣的路。

事實上，把「自己的妄想」合理化的強烈欲望，經常是每個人在建構自己的生活風格或人生意義時，導致自己誤入歧途的一個基本要素。

事實上，「人生計畫」與「意義」在個人成長過程中是可以互補的。兩者都起源於孩童時期，在他們還不能依經驗做推論，以及不能用言語、抽象概念來表達想法的時期。不過，他已經開始從非言語表達的推論中，或從（經常是）不重要的事件中、強烈情感字句表達的經驗中，發展出比較一般性的行為方式。這些一般性的推論，以及與它們同類型的想法，是在還沒有言辭與觀念的時候形成的，這在他們以後的日子裡會繼續產生作用。當然，在成長過程中，必然會有許多不同方式的修正及常識介入，或多或少改正他們，使他們免於過分依賴既定的規則、言辭和原則。因此，他們以後可以感覺到，人因為不安全、自卑帶來的壓迫感，及過分努力地追求別人肯定所造成的不安。

下面的例子，也是我們常常可以看到的，事實上，同樣的錯誤認知也可以在動物身上見到。

一隻小狗在街上接受緊跟主人的訓練。當牠的技巧進步不少之後，有一天，牠突然跳上一輛行駛中的車子，結果從車子上被拋下來，雖然沒有受傷，但已讓小狗受到了驚嚇。

這對小狗來講，當然是過去沒有的經驗，小狗幾乎不可能對這件事有本能的反應。結果，就算牠日後在街道訓練方面有了更大的進步，可是仍無法誘使牠接近當初牠被拋下車的地點。然而，我們這時也很難用「制約反應」（Conditioned Reflex）的話來分析這個現象。小狗不怕街道、不怕車輛，但就是怕當初出事的地點，如果我們以平常人的心態來做推論，小狗的想法應該是：「該責備的不是自己的不小心及沒有經驗，而是那個地方。」因為那個地方就是存在威脅牠生命的危險因素，牠和大部分人都採取了相同的心理機制，而且都固執地守著那樣的解釋，這樣做至少可以保證一點：牠再也不會在「這個地點」受到傷害。

（譯者注：我們常因恐懼和自卑，在對他人的行為以及外在環境，產生掌控上的無力感時，就會對某些事實做出過度或誇大的解釋。常見的就是以前專制社會，對曾經犯罪的人處死刑，因為對這些犯人的未來行為無法掌控，而內心又害怕他們會再犯，因此就處以極刑。日常生活中也有很多這種例子，很多婦女一旦有了失敗的婚姻，就會擴大解釋，把全天下男人都視為嫌疑犯，也因此不再接受另一段婚姻。許多父母由於對自己的孩子沒有信心，一旦孩子犯錯，就以最嚴厲的方式來處罰他們，甚至近乎虐待。事實上，孩子的行為本來沒有那麼嚴重，但一經過人為的誇大或過度解釋，就會變成不可饒恕的罪愆，因此在恐懼的驅使下，很多小孩子受到不當的處罰。而學校老師也常犯這種毛病，也因此我們常常會聽見老師過度體罰，而造成孩子身心傷害的新聞。這些都是對事實誇大和過度解釋的現象，會造成這樣的現象，關鍵原因就是人們心中的不安和恐懼，也就是害怕再度被傷害的自卑感。）

老實說，類似的心理機制，常常可以在精神官能症患者身上發現。有些患者害怕即將要來的失敗，或是怕喪失自己的個性，於是把這時身體與心理產生的症狀，拿來作為保護自己的最佳藉口和盾牌。

由此可知，真正影響我們的心理和行為的，不是「事實」，而是我們對事實的解釋。在解釋這些實際事件時，我們所表現的信心和勇氣多寡，如果只憑藉著經驗來獲得，那是永遠不夠的，我們應該看自己的解釋是否自相矛盾？要看這個解釋得到的結論，是否對我們自己有建設性？對於沒有經驗的孩子以及孤僻的成人來說，這一點尤其重要。

事實上，我們也不難看出，上述那些評量常常是不夠充分的，因為我們的活動領域十分有限，即使我們只犯了小小的錯誤，也常在無助和無力感下，不敢面對這個錯誤。這也使得我們的生活模式一旦形成之後，就會牢牢地抓住它不放，任何人都無法改變我們的生活模式和風格。只有在我們犯下重大的錯誤時，現實才會逼我們去反省自己的生活模式和風格是否有問題。有時候，這種反省行為，甚至只有在那些願意透過合作解決人生問題，不以個人優越為追求目標的人身上才會發生。

因此，我們得到了下面的結論：每個人對於自己或對於人生的解釋，都有一個「觀念」，也就是一個生活模式或一個慣性律，會將他牢牢套住，雖然他並不了解這個觀念，也不能分析這個觀念是好是壞，然而這樣的觀念卻會影響他的一生。

而這個慣性律是在童年的狹小生活範圍中所形成的，因為在沒有分辨及選擇的能力下，我們只好運用天生的本能，以及在有限的外在世界影響下，順勢發展成我們自己習慣且熟悉的生活規則。這個慣性律，是孩子的藝術品，是他用來為達成人生目的，或指導與使用自己所有的「本能」與「衝動」。它不能從「有的心理學」（Besitz）的角度去了解，必須從「用的心理學」（Gebrauch）的角度去了解。例如某種、類似、差不多……這類字眼，常常是某人因為表達能力不足才會使用的。舉例來說，即使某人被診斷有強烈的自卑情結，這時仍然對他沒有任何幫助，但這也不表示教育或社會環境有任何問題。因為這些自卑感永遠都以不停變化的形式，在個人對外在世界的態度上表現出來。再者，由於孩子創造力的緣故，以及解釋的不同，因而所謂的自卑感，在外在形式表現上也是人人不同。

在這裡，我們可以用一些簡單的例子來解釋。有一個孩子，在消化器官上有遺傳的缺陷，一生下來就有腸胃方面的問題，如果在飲食方面又沒有得到妥善的照顧，最後，這個孩子就會對食物以及和食物相關的一切產生濃厚的興趣。從此，他對人生和自己的看法，也會因此更加緊密地和食物或營養連結在一起。日後這種興趣也可能擴展到金錢，因為他很快就會覺察到食物與金錢間的關係，不過這一點在不同案例中，多少會有些差異。

又例如，某個被慣壞了的孩子，母親從小就什麼都幫他做，等他長大了之後，必定不願意去做自己該做的事。因為這個孩子會認為他所有的事情，本來就應該由他人代勞，他從小就活在那樣的信念裡，所以會做出這樣的判斷。

同理可證，一個孩子在小時候，父母總是聽從他的指使，等他長大後，他就會想去支配其他人，而且在大多數案例中皆顯示，這種人在遭遇多次別人拒絕被他支配的經驗後，就會對世界採取「懷疑的態度」，同時也會帶著他所有的幻想，包括性方面的幻想，退縮到自己的世界裡，而無法從社會群體的角度去調整自己的解釋。

如果孩子在成長過程之中，與他人合作的能力（廣義的解釋，也可以說是一種與擁有同等權利者合作的能力）。如果能得到最好的發展，那麼他就會根據自己正確的社會群體認知，去解決人生問題。

相同的道理，有一個女孩子，從小她的父親就不顧家庭，甚至重男輕女，對她很不好，於是她長大後就會認為世上的男人都是這樣。如果她與其他異性親友之間，也有過類似的不好經驗，或是在成長過程中，碰過像她父親這種人的話，她就會更深信自己的想法。在這種情形之下，一旦她固有的信念維持了一段時間，而且成為慣性意識後，她就很難去接受其他不同的想法了。這時，要是家裡剛好有個兄弟，家人正在計畫讓他念大學接受高等教育，或是讓他去學習專門技能，這些事實又會讓她心中產生這樣的解釋：女孩子本來就是無能的，或者是女孩子永遠應該被排斥在高等教育門外。

如果家中的某個孩子，總是覺得自己被家人忽略，不受重視，他心裡可能覺得自己受到威脅，因而被這種威脅感套牢，心中也會相信：「我就是得要躲在別人背後。」或者，也可能產生反作用，深信自己有能力，只要努力奮鬥，就可以超越其他人，從此不把任何人放在眼裡。

同樣地，過分寵溺兒子的母親，可能會讓兒子認為：自己本來就是要站在舞台中央的，必須是眾人注意的焦點，這就是他要扮演的真正角色。

相對地，如果母親對這個兒子過分嘮叨，又不停地批評他，同時卻又相當偏愛另外一個兒子，這將使得這個被批判的兒子，以後在和任何女人交往時就會產生自卑感或敵意，這種心理狀態很可能會發生難以預測的後果。

一樣的道理，如果一個孩子從小就出過很多意外，或常常生病，可能就因此會認為世界充滿了危險，並且因此採取退縮自閉的行為。

由此可知，這些對事實的解釋，多少會和現實世界的事實發生衝突。個人對自己與人生的錯誤想法，遲早會使得他和冷酷的現實決裂，甚至陷入反社會或反體制的困境中。個人和社會衝突的現象，我們可以用電擊來做比喻。失敗者總認為他的生活風格，是不被社會所認同，而且受到不公平的嚴格考驗，這時電擊就來了，但這種對自己生活風格的執著，並不會因為電擊就消失或改變。因此，某人對個人優越感的追求，仍舊會繼續執行下去。電擊的結果，通常是什麼也沒有改變，唯一改變的是：當事人的生活領域變得更狹隘。再者，當事人會刪除或消滅所有讓他感到失敗或威脅的東西；最後，他會陷入自己的慣性律，不敢面對問題，然後撤退到自己的城堡裡。

不過，電擊的結果還是有心理及身體上的副作用，電擊會沖垮當事人心中僅剩的社會興趣，因此造成他在人生上的各種錯誤決策，因為電擊會逼人去逃避，精神官能症的產生就是這個原因。更糟糕的是，電擊會把人逼上反社會的歧途。在這條路上，他仍舊會在狹窄的私人領域內採取行動，但是這絕不表示他是勇敢的，而是他會用打帶跑或暗中行動的方式，來對社會做反擊。

從這麼多案例來看，我們可以很清楚地得出結論：「解釋」在個人的世界觀裡，是最基本的要素，不同的解釋，決定了他的思想、感覺、意志及行動。

# 第二章

# 你的「生活風格」，決定你的困境

【第二章】

# 你的「生活風格」，決定你的困境

人生就是所有問題的集合，尋找人生的意義也是一種問題。每個人對人生意義的解釋也不一樣，因為它是測量思想、感情以及行動的基礎根據。不過，真正的「人生意義」這張底片，是在個人犯錯或遇到障礙時，才會顯影出來的。

我們之所以會投入諮詢、教育或治療這一類工作，就是要縮短人生意義與個人錯誤行為間的差距。

舉個例子來說明：許多古老民族的歷史傳說、個人創作，包括荷馬、普魯塔克，以及古希臘、羅馬的詩人，還有耶教經典、英勇冒險故事、童話、寓言、神話，都對人的性格做了深刻的描繪。長久以來，在解讀人類生活風格方面，都是詩人做得最成功。詩人們能夠把個人的生活、行動、死亡或在與時代的緊密關係中，用高超的手法把整體表現出來，這是令人讚嘆的。毫無疑問地，在各個先進民族裡面，也有許多不知名的人士，對人性有著超乎常人的了解，並且把他們的經驗傳給子孫。很明顯地，這些人以及那些對人性有超然了解的偉大天才，都對人與人互動關係有著深刻的洞見，也因此顯露他們的不凡。這種才華主要來自他們對於人類的興趣，他們超然的經驗、非比尋常的知識與洞見，是社會興趣帶給他們的報酬。

他們的作品有一個共通特性，是人們一定會留意到的，那就是：能夠預測人性的改變及行為上的表現。也就是說，他們用推測的辦法，看到了隱藏在外在表現背後的東西，也就是他們看到了個人行為的「慣性律」。許多人稱這種天賦為「直覺」，認為只有高人才能擁有這樣的能力。然而事實上，這種天賦是最常見的，不僅在錯綜複雜的生活裡，或是在面對茫然莫測的未來時，每個人都會不自覺地使用它。

所有我們遇到的大小問題，對我們來說都是全新的經驗，因為它們總會有些不同。因此，如果我們只用單一方法，例如「制約反應」來解決，就很有可能產生錯誤的判斷。因為人生的每個問題都不同，也都有各自不同的要求，讓我們必須重新檢視所有可以採用的行為模式。

心理學在脫離哲學範疇之前，一直是種對人不會有害的學問，當時一般民眾對人性的認知，起源於哲學家對人類的研究。然而，即使在當時的學風，主要是在找尋一些適用於大眾的普遍法則下，也不可能忽視單一個體的人性。由於哲學家把掌控世事的法則轉移到人性裡去，使得學者們對人的研究有了許多不同的觀點。

然而，人心裡面那個深不可測又不為人知的強大力量，究竟是什麼？

康德、席林、黑格爾、叔本華、哈特曼、尼采以及許多其他人，都在道德律、意志、權力意志，或是「下意識」等名詞中尋找答案。而強調內省的工夫，也在這時期開始流傳開來。透過這個方法，人們應該就能預言心理意向以及相關的行為。不過，這個方法並沒有流傳下來，人們也因此不再相信它。的確，因為沒有人可以保證，從內省得到的東西具有客觀的意義。

到了科學發達的時代，實驗方法獲得普遍的認同，並且被採用。人們利用邏輯和機器，謹慎選擇問題及安排測驗，希望對人的感官、智能、個性、人格有更多了解。

不幸的是，用這種科學方法來研究人性後，人格的連續性和統一性就逐漸喪失了。後來出現的遺傳學理論，又把整個人性都放棄了，事實上，遺傳學也只能證明某人擁有的生物能力，而不是具有使用這個基因的能力。內分泌腺影響理論也指向同一方向，他們把力量集中在自卑的一些病患案例上，以及在器官有缺陷時，人們的心理補償問題。

接著出現了心理分析學，這讓心理學經歷了一次文藝復興。無所不能的人類（命運主宰者），在性慾（Sexual Libido）的名義下復活了，在地獄的痛苦、在潛意識中得到鉅細靡遺的描述，「原罪」也在罪惡感中得到同樣的表現。

這時，天堂沒有列在心理分析的清單中，但是日後創造的「理想自我」概念，也就是「個體心理學」的完美「理想」理論，支持這個觀念。儘管如此，這個創新的理論是往生活風格、個人的慣性運動路線，以及人生意義的新方向邁出了一大步。儘管心理分析學說的創始人，沉迷於他的性隱喻，因而無法覺察到在人類前面盤旋的這個目標。

此外，心理分析學說讓「被驕縱的兒童」的世界拖累得太厲害了，使得它總是把這一型人格看作是心理結構的永恆樣式，也使得它看不到人類進化中較深層的精神生活。它的暫時成功，是因為無數驕縱放肆者支持的緣故，這些人很高興地接受了心理分析的觀點，認為這是可以放諸四海皆準的規則，也因此更強化了他們自己的「生活風格」。

那些使用心理分析技巧的人，投入很大的能量和耐心，想藉著這個理論來證明：人的表現行為、症狀是和性慾連在一起的。這個結論，使得人類的行為，從本質看上去都像是一個虐待狂所表現出來的衝動。

然而，「個體心理學」首先就很清楚地指出：「所有的失常行為，都是起源於驕縱兒童對世界的不滿。」不過，心理分析也有一條認識進化衝動的途徑：對衝動的暫時適應。可是這一努力沒有成功，它以常見的悲觀態度，把死亡意願這一觀念，看成是人們最終要完成的目標。但這並非積極且健康的適應策略，僅是期待終會到來的死亡而已。

因此，個體心理學堅決地站在進化的立場，而且從進化的觀點把所有人的奮鬥看作是個人追求完美的奮鬥。對生命的渴求，不論是物質的還是精神的層面，都是和這種奮鬥意志連在一起的。因此，到目前為止，當每個人的心理形式出現時，都是由負面向正面的狀態前進。每個人在他生命初始時，都為自己設計了一些慣性定律，為了順應這些定律，他會利用內在的能力、缺陷，以及他對周圍環境的最初印象，來設定自己的行為法則和思考邏輯。

慣性律人人不同，每個人都有屬於自己不同的節拍、旋律、方向。每個人多多少少都會把自己和那些無法達到的完美理想做比較，因此總是會受到自卑感的壓迫，但也會因為它的驅策而向前奮進。

由此我們可以推論：從永恆的觀點說，到絕對正確的觀點說，每一個人的慣性律都是有問題的。

每個文明社會中，人們都會從自己的觀念與情感資料庫中選取材料，為自己設計出無法達到的理想境地。因此，為了研究出人們為創造完美理想時，其精神力量的持續程度有多少，就必須向過去探索。我想我們必須深深敬佩這股力量，因為多少世紀以來，它為我們架構了一個可靠的人類社會生活的理想藍圖。毫無疑問地，「不可以殺人」、「愛你的家人」，這兩條定律幾乎永遠不可能從人的知識與情感中消失，幾乎永遠都會是人類意識裡的最高法庭。人類社會生活的這些準則，以及一些其他準則，毫無疑問地，都是進化的產品，並和人的關係淵遠流長，就像呼吸、站姿與人的關係一樣，架構起理想的人類社會秩序。

本書裡所說的「進化衝動」、「進化目標」，指的就是這一理想社區。這些準則提供給個體心理學唯一的鉛錘線，所有和進化作對的其他目標或生活模式的對錯，都只能靠它來評量。而這時個體心理學也變成了一種「價值心理學」（Psychology of Values）。就像醫學的發展一樣，它的研究與發現，讓它成為文明進化的促進者，同時它也是一個「價值科學」（Science of Values）。

因此，人們之所以會有自卑感，是因為要克服困境、向上奮鬥，以及社會興趣，這三個個體心理學的研究基礎，是在考慮個人與群眾時，不可缺少的。

它們所代表的真理可以被忽略，可以用不同的語句表達，可以被誤解，可以對它吹毛求疵，但是絕對沒法抹殺掉它的價值。總之，在對任何人格做正確評估時，必須考慮到這些事實，並了解他的自卑感、求生的奮鬥，以及社會興趣的狀況。

每個文明在進化的壓力下，都會做出不同的結論，以及出現錯誤的途徑。同樣地，人類也是如此，在發展的過程中，創造屬於生活風格的心靈結構，以及相連結的適當情感，是孩子在成長時的工作。在一個非中立的環境裡，孩子的情感和行動能力，可以作為他創造力的標準，提供他一個非常不同的人生預備學校。

孩子常在不客觀的指引下，根據自己的主觀印象，為自己開發一條人生道路，或是一個目標，以及未來要攀登的一個高峰的前景。個體心理學所要讓人了解的，在於個人透過他的優越目標、自卑感強度、社會興趣多寡三方面所顯示的意義。在仔細檢查過這些因素彼此的關係之後，我們可以清楚看出，它們對於社會興趣的範圍與性質全都有貢獻。也就是說，作為一個完整的個人，絕不能和生活脫離關係，說得更具體一點，就是不能和社區脫離關係。他對社區的態度，會最先在他的人生風格上表現出來。也因為如此，實驗的最佳測量結果，也只是處理個人生活層次中的一些部分，實驗不能告訴我們任何有關一個人的個性，乃至未來他個人與社區關係的後續發展。

因此，個體心理學用來發現人生風格的技巧，首先必須假定個人對人生問題的認知沒有問題，以及人生問題對個人的重要性。很明顯地，人生問題的解決，需要一定程度的社會興趣介入，和整個人生的緊密結合，以及與其他人合作、交際的能力。如果沒有這種能力，就會出現各種強烈的自卑感，以及隨之而來的後果。自卑感種類繁多，但「躲避」與「遲疑不決」是它的主要類型，和自卑感同時出現的肢體失常與精神現象，我將它們命名為「自卑情結」。

有些人一生不斷追求優越，要高人一等，這便是想用「優越情結」來消除「自卑情結」，因此，他們不顧人類該有的社會興趣，總是渴望有個人表現的機會，來遮掩不為人知的「自卑情結」。

只要我們清楚了解一個失敗案例中的種種現象，答案通常都可以在童年早期找到。在這類案例中，我們看到的病人，總是缺乏與其他人交往的能力。因此，我們可以說：教育家、老師、醫生、牧師的任務，就是要增加人的社會興趣，然後給予他勇氣去和別人打成一片。然而，到底要怎樣做呢？你應該做的是，告訴他失敗的真正原因，同時讓他信服，把他對人生的錯誤想法告訴他，讓他能更加清楚地看到生命帶給人類的意義。

但是若我們要完成這一個任務，就必須具備關於人生問題的詳盡知識，必須了解社會興趣方面的細小缺失，還有自卑與優越情結裡的種種類型。

同樣地，輔導人士也必須對童年時期可能阻礙社會興趣發展的環境與事物，有廣博的經驗。到目前為止，經驗告訴我，探尋人格結構最可靠的資料，都在童年最早的記憶裡，包括孩子在家庭成員中的位置，以及曾犯下任何幼稚的錯誤行為，在童年期的日夢、夜夢，包括引起疾病的外在因素中，必須要對整個童年期有完整的了解，才能找出關鍵答案。

# 第二章

# 人生的任務

# 【第三章】人生的任務

如果我們不了解那些陷入困境的人，其內在心理問題的架構，以及這些問題所給予他的任務和壓力，就無法對一個人做出正確的心理評估和分析，更不可能找到突破困境的藥方，因此，個體心理學和社會學有了交集。

只有看到一個人在面對這些問題的態度，以及這種態度在他身上引起的結果，我們才能透視到他的本性。我們也必須注意他是否不想扮演他自己現有的角色，還是遊走在猶豫、不肯向前、逃避任務之間，並且為了自己的逃避辯解。同時，我們還要注意他是否無法為自己的問題找到解決方法，以及在成長過程或困境中，是否可以讓自己從問題中走出來，使問題不再成為問題，或是仍將問題留著，得不到解決。還有是否為了得到個人不凡的優越感，因而走上了歧途。

長久以來，我堅信所有的人生問題，都可以歸類為三個主要問題：社區生活、工作、愛情。這三個問題不是雞毛蒜皮或無關緊要的問題，而是我們在人生中會不斷遭遇到，並且不停逼迫我們做出回應、向我們挑戰的問題。它們不給我們任何逃避的機會，我們唯一能做的，就是勇敢面對。

我們的生活風格是什麼樣的狀態，可以從我們對這三個問題所做的反應，清楚地看出端倪。這三個問題彼此間有著緊密的關係，因為要有效解決這三個問題，必須具備足夠的社會興趣。

因此，我們不難了解，事實上，每個人的生活風格，都或多或少地反映在他對每一個問題的態度上。對於那個目前感覺還很遙遠的問題，或是看上去情況不難解決的問題，這個態度就不那麼清楚。然而，當個人的生存受到嚴厲考驗時，個人對應的態度就會比較清楚。

不過，這三個問題是如何連結起來的呢？為了互相照應，提供生活必需品，以及養育兒女，人們不得不聚在一起。而這三個問題就是為了生存而結合起來的，只要人活在這個地球上，就必須面對這些問題。人是地球的產物，要在宇宙關係中活下去，求生存求發展，就必須和社區或社會結合在一起，讓別人提供他所需的物質與精神食糧，並且分擔他的事務，以便讓自己能勤勉工作，並且在傳宗接代方面做出貢獻。

為了活下去，人類在身體上與精神上都能擔負起這些任務，因為在進化過程中，我們在身心方面一直有驚人的成長。所有的經驗、傳統、戒律，都是人在克服困難的奮鬥中所得到的智慧，不論對的、錯的、暫時的、永久的。人類在不停地奮鬥中，目前達到的階段（當然這是一個還不夠完美的階段），個人的運動以及群眾的運動，都表現在由負而正的成就上。因此我們可以說，不論在個人或者群眾方面，都有一種永遠的自卑感。人類進化的潮流不會停止，完美的目標永遠拉著我們向前走，這是我們活下去的動力，也是活下去的意義。

無論如何，任何人如果有這三個問題，毫無疑問地，只有那些擁有足夠社會興趣的人才能解決它們。人們或許會大膽地說，到目前為止，每一個人都能夠獲得令自己滿足的社會興趣，可是人類的進化還不夠完美，人對社會興趣的吸收還不夠完全，它還不像呼吸或是站姿那樣，在人的身上自然地作用著。

我毫不懷疑，將來有一天（也許還很遙遠）人類會達到完美的階段，除非人類的發展遭到破壞。

人類面臨的所有問題，其實說穿了，都來自這三個問題。事實上，每個人在他生下來的第一天，這三個問題早就從自己和母親的關係上開始發生了。孩子需要有和周圍的人生活的經驗——母親，因為母愛的進化發展，在生活上是最適合帶給孩子這種經驗的夥伴。母親是人類在社會興趣發展時的第一個夥伴，這些基礎社會興趣，以及日後要他在人生舞台上扮演整體社會的一部分，還有要他和他世界裡的其他人建立正確的關係，這些最早的經驗，都是從母親那裡得到的。

不過，一般來說，人們從童年時期就會遭遇的心理困境，可能會在兩個地方出現。在母親的方面，如果她在處理孩子的人際關係上，缺乏手腕或笨拙無知，將使得孩子不容易和其他人建立起良好的人際關係，或者會讓孩子把工作看得太輕鬆、太隨便，又或者，這也是最常見的，讓孩子覺得自己沒有必要去幫助別人，或是去和其他人合作。

有些母親習慣用愛讓孩子感到窒息，或者經常替孩子決定事情、發言或箝制孩子的思想，使孩子得不到良好的人格發展，甚至讓他習慣生活在一個不切實際，或和現實世界脫離的生活圈子裡。那麼，這種生活模式就會為他帶來人際關係和工作上的困境。事實上，小孩子的可塑性很強，只需要很短一段時間，就可以讓孩子把自己看成是唯我獨尊的大人物，讓他覺得所有的不如意，是因為其他人都在和他作對。

此外，孩子的判斷力和創造力交叉運作的驚人結果，也是不可以低估的。通常孩子都會利用外在的影響力，來改變不如己意的事，讓這些事的結果符合自己的心意，如果這時母親又放任孩子，孩子就不肯讓他的社會興趣擴展到其他人的身上去。因此，他會設法躲避父親、兄弟姊妹，以及所有其他不能以同樣溺愛程度來對待他的人（也就是說，他會以母親的溺愛為標準，認為只有達到這個標準的人，才能進入他的世界）。孩子在心裡形成生活模型的過程中，一旦接受了這樣的想法（任何事都是很容易解決的，而且從一開始就是如此），日後他必然會變得不想去面對或解決人生的各種難題。

很顯然地，要解決這些問題就需要有社會興趣，但被寵壞的孩子在面對自己該有的社會興趣時，會開始排斥。在某些情況比較不嚴重的案例裡，這種排斥感是暫時性的；相對地，在比較嚴重的案例裡，這種排斥感則是永久性的，這將使孩子沒有辦法找到心理障礙的出口。

因為，被寵壞的孩子認為母親隨時都應該侍候他。這種高人一等的狀態是他自己所選擇的，也是他想要的，很不幸也很諷刺地，這種狀態或目標，他竟然只用「什麼都不做」這種讓自己功能退化的辦法，就輕易達到了。

此外，某些心理學家固執地用性慾力、虐待狂衝動，來解釋尿床、拉屎在褲子上這類幼稚行為，認為患者這樣做，是為了把更原始的，甚至更深層的心理狀態反映出來。事實上，這些解釋都是把車子放在馬前面，是本末倒置的做法，因為他們誤以為這類孩子需要比較多的感情慰藉。

在孩子的幻想世界裡，認為某些禁忌是可以不遵守的，這也顯示了孩子希望被溺愛，其實只是想利用其他人來為自己服務。一旦得不到溺愛，在某些案例中，可以發現孩子會在心裡產生想復仇或指控他人的想法。

被溺愛的孩子，會用盡各種手段，來反抗那些破壞他生活模式的人，他們不希望生活有任何改變。如果生活中一旦有改變，我們常常能看到孩子的抵抗行為，看到他們用一些含蓄或激烈的方式，來達到他們的目的。

我曾經清楚地表示過，被寵壞的孩子，一旦走出了生活圈，就會覺得隨時受到威脅，感覺就像在草木皆兵的敵國，神經永遠緊繃著。他們個性上的種種特色，例如他們會表現出讓人無法接受的自憐和自戀，事實上都和他的人生意義有相呼應的關係。

由此可以看出，這些被寵壞的孩子身上的特色，絕對是後天造成的，而不是天生的。我曾說過，童年時期還有其他的心理障礙，也像被寵壞一樣，妨害孩子心裡該有的社會興趣成長。這些障礙包括：父母忽視孩子，以及孩子身上器官的功能失調或不健全。這兩項，也好像溺愛一樣，使得孩子對世界的看法，以及他的人生興趣，都偏離了和其他人「共同生活」的目標，而把注意力轉到自己的興趣和利益上。

從犯罪心理學來看，那些喜歡單獨犯案的罪犯，幾乎都習慣自己一個人生活，他們不會去在意別人的痛苦和利益，整個社會和其他人的存在，對他們來說都只是敵人和獵物（不是別人來抓他們，就是他們去迫害別人或偷竊別人的財物）。他們無法和別人共同生活或工作，因為他們會提不起勁，也沒有動力和成就感，他們唯一關心的，是他們自己的利益和生活興趣。

許多學歷不高的罪犯，卻能擁有高超的製造偽鈔或改造槍械、加工製造毒品的技術，這些需要專業訓練的技能，他們都能投入大量心力去學習，原因無他，因為這些技能可以讓他們致富，而且不需要和社會有所接觸，他們的成就感來自於此，至於是否違害社會或侵害他人的利益，對於這些問題，他們是不會去考慮的。

日後我們會更清楚地證明，一個人只有在擁有足夠的社會興趣下，才可能獲得心理與利益方面的安全感。不過，可以很容易了解的是，一個人如果和他在地球上共生或合作的其他人關係不和諧（例如親人、配偶、同事、上司），或者在人際關係上產生摩擦或衝突，那麼他也會以敵對的態度來對待這些人，即使這些人在過去曾經和他有親密關係或血緣關係。

關於童年的這三個心理障礙，我們可以肯定的是，孩子的創造力，在努力克服這些障礙的過程中，將得到不同程度的成功和成就感。事實上，所有的成功和失敗，都取決於當事人的生活風格或原型，取決於他對人生的態度，這一點我想大部分的人都不知道。

個體心理學，可以憑著過去的經驗和或然率法則，客觀且準確地測知某個人的過去，這是其他心理學做不到的。

現在我們必須討論一下次要的問題，看看在它們的解決方法中，是不是也需要社會興趣。其中一個最重要的要素，就是孩子對父親的態度。

孩子正常的態度是：對父母親差不多有同樣的興趣。可是由於外在的環境、父親的人格、母親的溺愛、疾病或器官方面的障礙，使得照顧孩子的責任落到母親身上，在這種情況下，通常會造成父子之間的疏離，因而妨害到孩子社會興趣的發展。

此外，當父親為了糾正母親的過度溺愛，想以比較嚴格的方法來教導孩子時，父子的心理距離也會擴大。母親常常有一種很不自覺的傾向：她會把孩子拉過去扮演她的角色，這也會使得父子的關係惡化。相對地，如果是父親的溺愛在支配孩子時，那麼孩子便會轉向他，離開母親或和母親疏離。

當母親溺愛的情形發生時，即造成孩子的悲劇。如果因為過分放任，孩子離不開母親，那麼他會變成一條寄生蟲，會希望從母親這邊得到一切需求及滿足。尤其，性方面的需求也包括在內。這種狀況是常發生的，因為在孩子的性本能覺醒時，他完全沒有學到約束自己，以為他想要什麼都可以，而且繼續期待母親可以滿足他所有的欲望。

佛洛伊德所謂的「伊底帕斯情結」（Oedipus Complex），就認為這種現象是孩子心理發展的自然過程。事實上，這和性慾及性意識沒有關係，只是被溺愛的孩子，必然在生活上出現的許多不正常現象之一而已，而孩子也是無奈地被自己的幻想玩弄罷了。然而，佛洛伊德卻固執地、狂熱地把所有孩子和母親的關係，放到一個以「伊底帕斯情結」為基礎的理論架構去。

我們無法認同他的理論，也必須否定女孩比較受父親吸引、男孩比較受母親吸引的假設，雖然許多學者把它當成一個似乎合理的事實。

現實世界確實發生過這種母子亂倫的案例，但並不是因為母親溺愛孩子所引起的，但我們卻看到了孩子對他未來的性角色上的扮演，產生了某種誤解。事實上，孩子們總是像玩遊戲般，在為他的未來做準備，就像他在許多其他遊戲中扮演的角色一樣，許多行為根本沒有運用到性本能，甚至和性本能沒有關係，在孩子的眼裡，他們只是在玩遊戲。不過，如果孩子顯露早熟的或幾乎不能自制的性本能，那無疑表示他是一個以自我為中心的人，而且他通常是一個從小就被溺愛的孩子，因此，他不能控制自己的欲望，也不能接受自己得不到想要的東西的事實。

此外，孩子在家中的排行和位置，多少也可以讓我們了解到，他和其他人的交際能力是好是壞。那些被寵壞的或較以自我為中心的孩子，通常會有這樣的想法：家中的其他孩子（特別是年紀較小的一個）妨害他們，並且限制了他們的自由。這種充滿敵意的想法所表現出來的方式，包括生活中長期的競爭意識、支配狂，以及在較輕微的案例中，有些人會把兄弟姊妹當成自己的孩子來看待。

在這種情況下，事態如何發展，大部分得要看競賽中的成敗。但是，特別是在驕縱放肆的孩子案例中，我們總是可以發現，被溺愛的孩子，一旦當他原有的位置，被家中另一個年輕成員取代時，將讓他留下深刻的印象或創傷，甚至一輩子都揮之不去。

另外一個問題，則涉及到孩子與疾病的關係，以及他在面對疾病時，決定採取的態度。孩子會注意到父母在他生病時的舉止，特別是當他的病似乎很嚴重的時候。父母在孩子患病時，常常會不自覺地暴露焦慮的情緒，這種行為讓孩子看到，不僅會讓孩子故意把疾病表現得比實際嚴重，而且會造成少見的被溺愛的習慣，也會讓孩子完全沒有和其他人合作的意願，孩子只會覺得自己非常重要，日後也會造成孩子容易生病或常無病呻吟的傾向。

如果孩子某日恢復健康，父母停止在孩子生病時的溺愛和縱容，這時孩子常常會變得不聽話，或者經常哭訴身體不舒服、抱怨上課太累、沒有食慾等等，但經過檢查後卻沒有發現具體的病因。

很不幸地，這些行為症狀經常被大人看成是疾病的後續發展，但這種想法是不對的。因為這種渴望被溺愛的孩子，在他們以後的一生之中，通常會牢牢記住生病期間的這段記憶或感受，然後，自己複製這種生病的感覺，即使本來沒生病也會搞出病來。他們之所以這麼做，其實是他們認為自己有權得到縱容的待遇，或者說，有權以自己的特殊情況（或體質）為理由，來為自己辯護。

當孩子上幼稚園，或到學校去，所代表的意義是什麼呢？是為了讓自己在家中成為有用的一員，在遊戲中扮演一個恰當的角色，能像一般人那樣和人相處。除了這方面的意義外，上學也是對他的合作能力更進一步的考驗。從這一點，可以觀察到他和其他人在一起工作的能力。

以下這些症候，都顯示孩子在合作方面的訓練有瑕疵。不願意去學校而表現出的激動程度與樣子，不與人來往、缺乏興趣、不能專心，以及不合群的動作，諸如遲到、搗蛋、逃學的傾向，經常把書本及文具丟掉、拒絕做家庭作業等。

這類的孩子，不論他們自己是否知道，其實心中都有著強烈的自卑感。如果沒有了解到這一點，就無法恰當地描述這類案例中的心理過程。這一自卑感以自卑情結的形式出現，情形和剛才說的相似：害羞、激動以及各種可能發生的情況、身體方面的症候，或者也可以是以自我為中心的優越情結，展露愛好爭辯、喜歡破壞別人的樂趣、缺乏同志情誼等特質。

在這一情結裡沒有勇氣的跡象，即使是傲慢的孩子，在面對工作的問題時，也證明是懦弱的。

他們不誠實，也就顯示將來會有不光明的行為，可能也會有偷竊的傾向，因為覺得自己被剝削了，受到不公平待遇及應該得到補償，同時也可能會傷害其他人，他們經常拿自己和其他人比較，但是這不會使他們獲得任何改善，只會使他們的社交能力逐漸鈍化，這種人際關係上的退縮現象，在學校裡也常會發生。

很明顯地，從效果上來看，學校裡的一切，就像是一場考試，一開始就可以顯示孩子的合作能力。而學校是讓孩子學習社會化的第一步，讓他在離開學校時，不會對進入社會產生反感。就是明白這一點，所以我才在學校裡成立個體心理學顧問會，並協助老師找尋適當辦法，去教導這些進度落後的孩子。

毫無疑問地，孩子在學校能不能和別人相處得好，主要看他是否有足夠的社會興趣。的確，孩子在學校裡所表現的社會興趣，能讓我們多少知道他將來會過什麼樣的人生。而友誼在對他以後和別人相處上是非常重要的；同儕關係，以及伴隨而來的忠誠、可靠、互助合作的特質；還有對國家、民族、人類的興趣。這一切全都起源於學校的生活，所以才需要專家的培育。學校有力量喚醒、培育同儕精神，如果老師了解我們的觀點，也能夠友善地讓孩子注意到自己是否缺乏社會興趣，並告訴孩子原因，以及如何把這些原因去除，這樣一來，就可以讓孩子與社會有更密切的接觸。

在平常和孩子聊天時，可以試著說服他們對自己的未來，以及人類的未來有正面的發展，這些動作都有助於社會興趣的增加。人類的大錯，包括戰爭、死刑、種族間的仇恨——以至於精神病、自殺、罪惡、酗酒等等，對個人甚至對社會有害的行為，應該看成自卑情結，看成以不許可或不適當的方式處理情況的錯誤嘗試，當然就更不用提了——都是因為缺乏社會興趣而導致的負面發展。

而性的問題，在這個階段已經可以看到，也開始讓男孩、女孩感到困惑。不過，那些已經明白什麼是互助合作的孩子，則可以免除這個問題。因為他們習慣於把自己看作是整體的一部分，絕對沒有什麼問題是無法和父母老師商量的。

但那些已經在家庭生活中感到敵意的孩子，情形就不同了。這些孩子，特別是那些放縱的孩子，最容易被奉承誤導與脅迫。而父母親向孩子解說性問題，可以說是家庭生活的一道重要程序。孩子希望知道，也應該知道，所以資訊傳授的方式很重要，要讓他們能了解正確的觀念，而不是拖拖拉拉、遮遮掩掩的。不過，也不要太過於急躁。在同儕之間談論性的問題，是無可避免的，如果是個會分辨是非的獨立孩子，自然會拒絕色情，也不會去相信那些愚蠢的談話，會接受這些錯誤觀念的，大多都是那些沒有自信，只會依賴別人的孩子。

青春期則是人生的另一個問題，許多人把它看作一個黑暗的神祕地帶，也是在這一時期，人開始發覺到過去一直在睡眠狀態的力量。如果孩子在這個時候還沒有足夠的社會興趣，他會帶著隨之而來的錯誤度過青春期。

這個時期可以更加清楚看出孩子正在為合作做準備。他現在有更大的活動空間，比以往更加有力。他被迫用任何他可以使用的方式，去證明他已經不再是一個孩子，或者只有在某些時候才是個孩子。如果他在發展中的社會興趣曾經受到阻擾，那麼會更彰顯因為他錯誤的人生途徑，所造成的反社會結果。

許多孩子強烈希望被人當作成人看待，但他們只顧著去模仿成人的錯誤，卻忘了學習成年人的美德，因為這樣對他們來說比較容易做到，不過這樣會造成各種的不規矩行為。然而，這些被寵壞的孩子，他們不守規矩的情形又會比其他孩子多，因為他習慣很快地被滿足自己的需求，要他去抗拒誘惑總是很難的，而這樣的小孩也就很容易成為諂媚、虛榮的犧牲品。

就這樣，一直躲在自己恐懼後面的孩子，如今更加接近現實人生的戰場了，他已經看到了人生的三個大問題——社會、工作、愛。在解決這些問題之前，需要對其他人先發生興趣——經過發展的興趣。而此關鍵就在於這方面的準備工作。在此時期，可以看到不合群、疑心、幸災樂禍、各種的虛榮、過度敏感、見人時的激動狀態、怯場、欺騙、撒謊、誹謗、過度的野心，以及許多其他特色。

那些接受過以社區為目標的教育的孩子，會很容易交到朋友，也會對所有影響人類的問題感到興趣，而且願意為社區的福利來調整自己的觀點與行為。他們不會用不公平或是故意吸引人注意的辦法，來求取成功。他們總是很友善地在社區中過生活，雖然有時也會起來反對那些影響社會秩序的人，但是基本上他們的社會發展感仍是成功的。

人類在地球上生存，勞動與分工是不可少的。社會興趣在此的表現，就是為其他人的福利而分工合作。關懷社會的人絕不會懷疑，每個人都有權得到他工作的報酬，以及剝削別人不可能對人類的福利有任何好處。

我們畢竟是照著先人留下的觀念及智慧生活的，宗教與許多偉大的社會思想，也一直要求正確的生產與消費方面的最佳分配。一個人製造鞋子，也就是讓自己所做的東西，能為另外一個人所用，如此一來，他就有權活下去，並享受醫藥方面的所有福利，讓子女得到適當的教育。因為工作而得到報酬，就是這個貿易發達的時代，用以承認一個人的有用性。因為這樣，他才會感受到自己對這個社會的價值，這是減緩普遍存在的人類自卑感的唯一可能辦法。

現在的人既有的觀念是，在一個自立求生的社會，擁有一份正當工作的人，就可以算是勤奮的人了，反之，就是懶惰的人。沒有人會說懶惰是美德，但那些因為科技發達或生產過剩而失業，屬於「非自願懶惰」的人，則另當別論。

愛情為人類帶來富足的精神與生理方面的滿足；在這個重大的人生課題上，社會興趣被看作是命運的、立即的、無可懷疑的關鍵因素。愛情，如同友誼，以及與兄弟姊妹和父母的關係一樣，人們所關心的是一項兩個人的任務，不過這次是兩個不同性別的人，而且想要延續人類後代。

愛情問題和社會環境裡的個人幸福及繁榮，有著非常重要的關係，也許沒有任何其他的問題能夠與之相比。一項必須由兩個人共同擔負的任務，有它自己的特殊形式，如果只是把它當成一個人的工作，就沒有辦法成功完成。

事實上，要正確解決愛情的問題，兩者之中的任何一個人，都必須完全忘掉自己，而把自己完全奉獻給對方；就像是必須從兩個人的生命中鑄造出另一個生命來。從某種程度來說，我們在友誼、舞蹈與運動等活動中，在兩個人為著相同目的，而使用同一工具的工作裡，都會有同樣的必要。無疑地，在這一關係之中，不可以有不平等、相互猜疑、敵對思想與感覺的問題。此外，身體的吸引力也不可少，這點正是愛的本質所在。身體的吸引力會影響伴侶的選擇；這是進化的本性，以及它對個人的效果所造成的。至於影響方式，則視各個進步階段對美醜的看法而定。

人類的進化本能，會自覺或不自覺地讓我們在尋找終生伴侶時，設定了一個較高的理想目標，因此，我們之所以喜歡美或優秀的人，可以說是我們天生的美感，在為人類進化做出偉大的貢獻。除了愛中的平等（在我們的時代，這仍舊是經常被丈夫以及妻子誤解的一個題目），這一明顯事實之外，相互奉獻的感覺也必須被考慮到。

男女經常把這種奉獻的感覺誤解為奴性的屈服，女人方面尤其多見。誤解使得他們無法去愛，無法完成愛的功能，特別是如果在誤解之外，自己的生活風格裡，又帶有以自我為中心的優越原則。兩人合作任務的準備、平等價值意識，以及把自己奉獻給另外一人的能力，這三方面的缺失，是所有缺乏社會興趣的人的特徵。他們在共同任務上遇到困難，使得他們在處理婚姻與愛情問題時誤入歧途，不斷地找尋解脫之道。

在此，我必須說明的是，這裡所提到的婚姻指的是一夫一妻制，這種制度無疑是人類進化過程中，最終階段的完美模式，因為它會在孩子教養及人類福祉方面有著長遠的影響。我們的錯誤與愚蠢、在愛之中的缺乏社會興趣，會讓我們無法透過後代與文化成就，永久在地球上存在下去，這是一個令人沮喪的事實。混亂的性關係、嫖妓、性變態、裸體雜交行為，這類常常和愛相提並論的無聊事情，會奪去愛的一切莊嚴、榮耀與美感方面的魅力。

人們一旦不肯做出永久結合的承諾，將會在兩個為共同目標而打拚的伴侶間，種下懷疑與不信任的種子，使他們沒有辦法完全把自己獻給對方。

同理可證，雖然每個人遇到的情形都不同，但在所有不愉快的愛情與婚姻的案例裡，以及不肯盡應盡的義務的案例中，都可以證明此類問題是使社會興趣受到傷害的關鍵原因。在這樣的案例之中，只有導正人生風格，才能改進兩性關係。我也確信，玩弄愛情的行為，其實也是缺乏社會興趣的一種表現，例如：混亂的性關係、把性病帶回家給另一半等等，都會導致家庭及種族的滅亡。

有些人可以心平氣和地討論分手或是離婚的事，那是因為他們體悟到世上並沒有任何關係是絕對不會變的。當然，也不是每個人都可以對自己的人生，做出正確的判斷。因此，這些問題應該交給有經驗的，並且值得信賴的心理學家來處理，由他根據社會興趣的經驗，來幫助你做出正確決定。

節育的問題，也在現代造成很大的騷動。人已經實現了繁殖的詔令，人類的數目也達到一定的程度了。事實上，人的社會興趣，在要求延續後代的方面，已經不再像過去那般嚴厲。而科技的迅速發展，也使得許多人完全無用武之地，社會上對於人手的需求已經顯著減少，社會的環境也不再需要為繁殖而繁殖。人類對愛的標準已和以前大不相同。文化不斷地在成長，對於以往限制女性創造力與知識興趣的界限已經不存在。

現代的社會，容許男人和女人把更多時間放在文化、休閒、娛樂和孩子的教育上，這樣的休閒時間在不久的將來還會增加，如果能夠適當運用，對於個人及其家屬都會受到很大的好處。這一切使得人在為傳宗接代做準備的任務之外，還有助於愛的分派。

一個幾乎獨立的角色，代表一個較高的層次，主要為了促進人的快樂，當然也有益於人類的福利。這是進化的成果，是不會回頭的，也是人與動物之間的區別，而這些卻不可能受到法律與規章的限制。要有幾個孩子的問題，在仔細協商之後，最好還是完全由女人決定。如果真的需要墮胎，除了要和醫生商量之外，最好也能請教合格的心理醫生。這樣一來，母子都可以受到最好的保護，因為心理醫生可以不管那些沒有道理的墮胎藉口，如果理由合理，也可以允許墮胎的行為。如果有特殊情況，甚至可以在某些機構裡免費墮胎。不過，要正確選擇伴侶，除了身體與知識方面的配合與吸引外，下面足以表示社會興趣的特質，應該是主要的考量：一是能與人維持長久友誼的人，二是能對工作感到興趣的人，三是對伴侶比對自己更有興趣的人。

當然，害怕有小孩，也可能是因為自私的緣故。不論怎麼說，最後總可以歸因於社會興趣的缺乏。驕縱放肆的女孩子，在結婚之後繼續扮演放縱孩子的角色，只想到自己的外表，會害怕甚至誇張表現出懷孕或生產對身材的破壞，就是因為她缺乏社會興趣的緣故，或是妻子不希望有人和她競爭，又或是婚姻裡根本就沒有愛，也是缺乏社會興趣的表現。

在許多案例中，「對男性性別的崇拜情結」會使得女性在執行妻子的功能方面，或在拒絕生育方面，扮演了災難性的角色。

婦女抗議她的女性角色，對於這種態度，我是第一個用上述形容詞的。「對男性性別的崇拜情結」，常常會引起女性月經方面的麻煩，以及性功能的不正常。它是怎樣產生的呢？主要是受到我們不完美的文明的影響──這個文明，不論是公開或是暗地裡，都努力把卑下的位置分派給婦女。

因此，在許多場合，如果女孩子的月經突然來了，都會造成女孩子心理上的障礙，也可能帶來各種麻煩，從這裡也可以看出女性在與他人合作方面，還沒有足夠的心理準備。「對男性性別的崇拜情結」有許多形式，其中一種是狂熱地希望扮演男人的角色，最後可能導致她成為女同性戀者。因此，這種崇拜情結應該被看成是建立在自卑情結——只是女人而已——上的優越情結。

在屬於愛的這一時期，其他形式的社會興趣撤退也可以在同時看到，顯示出人對職業與社會沒有足夠的準備。最糟的形式，無疑是幾乎與世隔絕的形式，這是年輕人常犯的。如克雷契瑪（Kretschmer）所發現的，這種心理疾病和器官功能的低劣有其緊密關係。他的證據補充了我的發現：「器官障礙在人生開始時，就會造成很大的影響。」不過他沒有像個體心理學那樣，考慮到這類的器官功能低劣，在建造生活風格上的重要性。外在環境要求人在合作方面有所準備，並且不斷給人壓力，使人患上精神官能症，這種情形已變得愈來愈多。現今社會自殺案不斷增加，主要是因為自殺是從人生舞台完全退出，也是惡意地對人生所要求的做完全譴責。

相對地，酗酒是一種把戲，人可以藉它以反社會姿態來逃避社會的要求。酗酒以及吸食嗎啡、古柯鹼的習慣，是那些沒有社會興趣的人所難以克服的。他們面對社會問題不斷增加，即使想要逃避，卻很難抗拒這些外來的誘惑。而對治療這類病患有足夠經驗的人，都一再證明他們強烈希望有人可以縱容他們，希望生活變得容易，不會碰到什麼困難。

許多罪犯的情形也一樣，這些人在童年時期就已經明顯地沒有勇氣去面對問題，對自己所從事的活動也缺乏社會興趣。如果在這個時期，心理變態的情形變得更加明顯，一點都不足為奇。

變態患者把大多數這類情形看作是遺傳的結果，因此他們把童年時期的症候看作是天生的，或是因為某種經驗而感染上的，許多心理學家也抱持同樣的看法。然而事實上，錯誤的行為證明是錯誤的訓練所留下的痕跡，而且也顯示這些人的社會興趣有缺陷；這點可以從其他方面清楚看出。

是否有社會興趣，可以從許多層面中發覺到，例如婚姻關係以及企業的經營、失去一個心愛的人的場合、破產時，以及任何形式的失望時。驕縱的人在艱苦的狀況裡，是沒有辦法和社區在一起行動的。也有許多人在情況突然改變時，不能和社區配合，共同克服不利的環境，反而驚慌失措，被迫用反社會的方式採取行動。

現在要提出一項最後的考驗：衰老和死亡。一個人如果相信自己可以不朽存在——因為有後代，或是因為對文化的進步有所貢獻，那麼就不會被這樣的考驗給嚇倒。不過，的確有許多人害怕被完全毀滅，身體迅速惡化與神經崩潰就是證據，那是很常見的情形。更年期的迷信，更把許多女人弄得極端困惑，特別是那些認為女人的價值在於年輕貌美，而不在於合作力量的人，會在這一時期感到相當痛苦。而常常採取防衛性的敵對態度，就好像是要面對不合理的攻擊，也會被弄得心情沮喪，最後可能發展成為憂鬱症。

我們的文化今天所到達的水平，並沒有給予年長的男女應得到的地位。他們應該有這樣的地位，至少有機會為自己創造這樣的地位，那是他們不可侵犯的權利。不幸的是，在這個階段，他們的合作意願有很大的限制，他們誇張自己的重要性，堅持自己對一切的知識比其他人來得多，而且埋怨自己的各種不便。結果，處處給人添麻煩，也助長了那些他們一直害怕形成的氣氛。

有過相當經驗的人，在平靜和同情的反省過後，應該可以清楚看出，人生問題經常在考驗我們的社會興趣程度，可能接受我們，或是拒絕我們。

# 第四章 身體與靈魂

【第四章】

# 身體與靈魂

所有我們稱之為身體或體（Body）的，都向澈底整體性（Complete Wholeness）奮鬥，這在今天已經不再有任何問題，而從「原子」這一觀點，一般來說，也可以和活細胞相比。兩個都有其力量，是潛在的、外顯的，可以把形體琢磨、界定出來，或形成其他的部分。其主要區別在於細胞有新陳代謝，而原子則是自足的；甚至兩者的內外運動，沒有顯示任何基本的區別。原子也始終不是在一個靜止的狀態，佛洛伊德在他的死亡意願（Death Wishes）論中，假設有向這一狀態的奮鬥，可是在自然中卻完全找不到。兩者之間最明顯的區別，在於活細胞有吸收、排泄的過程，因而有生長及生存的意義，有向著理想奮鬥的意念。

如果把任一個活細胞，放在一個可以讓它完全不需成長就可以生存下去的理想環境裡，（當然，這種環境通常是不存在的。）那麼細胞就一直不會有任何變化。然而，在一般的狀況下，只要生物一遇到生存不易的壓力，通常在他們的生命過程中，必定會被迫做出某種應對辦法。自然界裡的變種繁多，在阿米巴（Amoeba）蟲裡就確實有無數形式的變種，這使得處境比較有利的個體更易於生存，讓它們有機會找到一個比較好的形式，更容易去適應環境。生命已經在地球上存在了幾十億年，很明顯地，有足夠時間可以讓人從最簡單細胞的生命過程中形成，並讓成千上萬不能忍受環境攻擊壓力的生命滅亡。

上面的構想綜合了達爾文和法國生物學家拉馬克（Lamarck）的基本觀點。依據這一構想，「生命過程」就是必須奮鬥，永遠在對外在世界的要求做適應，藉此維持在進化洪流中的方向。像是不完美的器官與功能，若經常受到外來的刺激，當刺激有成果時，也就是說，能夠對外在世界做出適應時，進化也就向前走了一步。

朝向目標的奮鬥，永遠都到不了一個和平的終點，因為很明顯地，外在世界環境的改變，永遠沒有終止的時候。而在奮鬥中，一定也發展出我們所謂的靈魂、精神、心理、理性的能力，以及所有其他的「心理力量」。雖然，在考慮心理過程時，已經進入了超越的領域，我們在不放棄自己觀點的前提下，仍舊可以宣稱：靈魂，作為生命過程的一部分，以及過程裡的一部分，一定在基本特性上和母體上的活細胞相似。這一基本特性，特別可以在對於下列任務的不停努力中見到：

（一）適應外在世界的要求，做出利人及利己的最佳安排。

（二）克服對死亡的恐懼。

（三）在不忘克服對死亡的恐懼之情形下，努力奮鬥，實現自我的最高理想。

（四）為了進化，並讓自己可以適應各種困境及挑戰，開始懂得尋求他人或社會的力量及資源，共同解決各種難題，並藉著與他人的相互影響與合作，達到優越、完美與安全的目的。

靈魂的發展和身體的發展一樣，可以用正確解決問題的辦法，來克服外在世界的困境，這個方向是一直都很明顯的。而錯誤的解決辦法，不論是因為不適當的身體發展或心理發展，都在失敗中表現出無法適應環境，而使犯錯的個人遭到淘汰。失敗也可以延伸到個人之外，傷害到那些和他有關係的人，把家庭、部落、民族、人種牽涉在更大的困境之內。

這些困境如果克服了，常常可以帶來更大的成功及抵抗力，進化的情形總是如此。不過，大量的動植物和人，都在這一殘酷的自清過程中變成了犧牲者，任何在當時能夠抵抗的，一般說來都算是暫時通過了考驗。照此觀點，我們在生命的過程中，所面對的是必須使身體在活動上隨時保持平衡狀態的奮鬥，使它能順利應付外在世界的改變，無論是好或壞的改變。如果只注意過程，我們會生出「身體智慧」的想法。但是精神過程也不得不依賴此智慧，它使得精神過程能夠成功地解決外在世界的問題，因而在身心之間維持不停活動的平衡狀態。在一定範圍內，已經達到的進化階段提供此一平衡點，而活動則是由童年時期找到的優越目標，或者說生活風格、運動律提供的。

因此，生命的基本法則就是克服、征服。人奮鬥、求自保、求身心平衡、求身心成長、求完美，都說明了這一點。

在努力求自保的狀況中，可以見到下面的現象：對危險的了解與避免、繁殖、合作，以及每一個對上述現象有貢獻的人的社區性成就。繁殖是一條進化的途徑。目的在使身體的一部分，在個人死後仍能繼續下去；而合作是指人類發展方面的合作，在這方面，同工的精神是不朽的。

人的身體總是在那裡不斷努力，要在同一時候，維護、成全、補足它的所有重要需求，這是進化的奇蹟。人在受傷流血時，血液會凝結；水、糖、石灰、蛋白的供應會維持下去，血液與細胞會重生，內分泌腺也會同時採取行動，這些都是從進化而來的，顯示有機體有力量抵抗外來的傷害。這種抵抗力的維持與加強，乃是許多血脈廣泛混合的結果，使得缺失減少，優點繼續並且擴大。在這一點上，社會倫理道德對於人與人的結合，做了有幫助的、成功的規範。因此，在追求共同存在的奮鬥中，禁止亂倫，就幾乎完全被看作是理所當然的事了。

人的心理平衡經常受到威脅。在追求完美的奮鬥中，人總是處於一種心理不安的狀態，在達到完美的目標之前，對自己感到無奈。只有當他在向上奮鬥的過程中，感覺自己已經到達了一個滿意的階段，他才會有安靜、價值與快樂的感覺。在下一刻，他的目標又把他繼續向前拉，因此可以清楚看出，作為一個人，就一定會有那種對他不斷施壓，要求克服他自身恐懼的自卑感。勝利之途，就像挑選出來的完美目標一樣，成百上千，各個不同。體驗的自卑感愈強，克服的衝動也就愈有力，情感上的不安也就愈強烈。

不過，感覺方面的施壓，包括情感的以及情緒的，對身體的平衡並不是沒有影響。身體透過自律神經系統、遊走神經，以及內分泌系統的途徑，給自己帶來了變化：血液循環、分泌物、肌肉緊張度，以及幾乎所有器官都出現了變化。若這是暫時的現象，則這些變動是自然的，僅僅是根據人的生活風格產生的不同表現而已。可是如果持續下去，就成了功能性的器官神經症。這種病就像精神官能症一樣，起因於人的生活風格。在因為相當強烈的自卑感而導致個人失敗的案例裡，生活風格顯示出逃避問題的傾向，以及用已經連續出現的身體或心理症候的辦法，使自己繼續逃避下去。心理過程以這種方式對身體產生作用，可是也對心靈本身產生作用，引起各種心理的失敗，以及疏失行為。

同樣地，身體狀態也對心理過程起作用。從我們的經驗判斷，人生風格最早在童年就形成了。身體生下來時的情況，在這方面有非常大的影響。孩子在他最初的動作與活動裡，體驗到身體器官的有效性，並感受到這種有效性，但是有很長一段時間，沒有可以形容的言語、觀念來使他明瞭這種有效性；而且每個孩子環境的影響也都完全不同，因此，孩子對自己行動能力的任何感覺，都是永遠不得而知的。

憑藉謹慎，以及統計學或然率方面的經驗，我們可以從器官（消化、血液循環、呼吸、排泄、內分泌、感覺）低劣上的知識大膽推斷，孩子在他生命開始時感覺到自己不勝負荷。他要如何超越這些障礙，都只有從他們的動作與努力中去發現。因為在這方面因果的觀念不能幫助我們，在這裡，孩子的創造力在起作用。

孩子是在自己潛能無法推算的領域內奮鬥，從嘗試與錯誤中接受訓練，順著這條廣泛定義的途徑，向著一個看來會讓他得到滿足的完美目標前進。不論他是主動奮鬥，還是保持被動；是掌控別人，還是服務他人；是合群，還是以自我為中心；是勇敢，還是懦弱；不論氣質與節奏的不同；不論是容易激動，還是冷漠，他都是在為自己整個人生做決定，同時照他的假定發展與環境相和諧的運動律，並依自己的方式思考環境，回應環境。每一個人走向目標的途徑不同，在無數細節方面不同，因此只能指出每一案例中的典型部分；在碰到個別的歧異時，不得不採取冗長的敘述辦法。

如果沒有個體心理學知識的幫助，個人自己幾乎沒有辦法對自己途徑的方向，做任何清楚的敘述。他常會把它說成與實際正好相反，是因為知道他的運動律，才開始對方向有了說明，從而發現到運動的用意，或者說，表現形式的意義，不論這種形式是言語、思想、感情或行動，是怎樣地受到這一運動律的嚴厲管制，這可以從它的功能趨向中看出，這種趨向也是一種語言，通常比言辭更具表達力，更能清楚地把意義顯露出來。這是一種身體的語言，我稱之為「器官俚語」。

舉例來說，一個孩子，他的一般行為不難管束，可是夜晚尿床，這種做法表達的意思很清楚：他不願意接受一個有秩序的文明的管束。一個假裝勇敢，甚至可能相信自己有勇氣的人，無論如何，會因為身體發抖，脈搏加快，而向別人顯示他已經失去平衡。

一名三十二歲的女人埋怨說，她的左眼劇痛，看到的東西有兩個影像，使得她不得不閉著左眼。這病痛已經有十一年歷史，第一次出現，是在她和先生訂婚的時候。這次卻是在七個月前開始的；痛感斷斷續續，但重影現象一直沒有間斷，她說上次發病是因為洗冷水澡引起的，所以她認為以前的症狀都是傷風引起的。她有個弟弟偶爾也有類似的重影現象，母親也一樣，都是劇烈頭痛所導致。在早期幾次發病時，右眼周圍也感覺到疼痛，而且可以由一邊轉到另一邊。

在結婚之前，她教過提琴，也參加演奏，她喜歡她的工作，但結婚之後，她把這些都放棄了，她現在住在一個姊妹的家裡，她說，目的是為了要和醫生住得近些，而她在那裡很快樂。

她說家裡的人，特別是父親，以及幾個兄弟，脾氣都不好，很容易發火。我想到他們可能都喜歡支配人，於是我詢問她，誘使她提供這方面的資訊，她的回答證實了我的看法。兩種特質加在一起，會發現面對的是我形容為容易出現頭痛、偏頭痛、因緊張而出現的三叉神經痛，以及類癲癇的病症。病人也埋怨尿急，在神經緊張、拜訪人、會見陌生人等場合，一定都會出現尿急的情形。

在有關三叉神經痛的心理根源的作品裡，我曾經指出，如果原因不是器官的問題，那麼就是因有激化的情緒緊張的因素所引起。這種刺激血管調控的辦法，在類似本案例所形容的各種緊張症候中都可清楚見到；同時藉交感腎上系統在易發點上的激動（這一因素，主要可能是靠血管與血供應量的變動），產生痛感乃至麻痺現象的症候。那時我推測，腦殼的不對稱，臉兩邊的不對稱，以及頭中動靜脈的不對稱，可能顯示頭蓋、腦膜甚至腦本身，也有類似的不對稱現象，可能影響到那裡的動靜脈的流動與口徑。

也許，在一個腦半球裡，沿著這些血管附近的神經纖維與細胞的發展也會比較差。對於神經束的整個流程應該特別注意；這些神經束，沒有問題，一定也不對稱，而且，因為一邊動靜脈的膨脹，可能會被證明太狹隘。情緒的變化，像是喜樂、焦慮、悲傷等等，能夠改變血管的血量，這可以從臉色看出來；而在憤怒時，也可以由額上凸出的血脈看出來。我們可以假定，在較深的層面，也有類似的改變現象。毫無疑問地，這些還需要很多研究來澄清所有涉及此類的複雜問題。

在這個病例裡，如果我們也能成功地證實，盛氣凌人的生活風格，使人易怒以及病痛（這次的病痛比以前的都要厲害）前由外在因素造成的衝動，成為引發這次病痛的導火線；如果能夠證實病人從最早的童年開始，就有心理緊張的現象——自卑情結、優越情結、對其他人缺乏興趣，在日常生活以及記憶與夢中的自愛——更進一步，如果能用個體心理學的方法把病治好；而且是長期性的治好，那麼，下面的構想也就得到了進一步的證實：神經性頭痛、偏頭痛、三叉神經痛、似癲癇性病痛等等，如果不是生理上的缺失，那麼改變病患的生活風格、減少心理緊張、擴大社會興趣，就可能把病永久治好。

去拜訪人時尿急，讓人覺得這個人太容易激動了，顯示尿急、口吃、怯場以及其他神經緊張的麻煩與徵象的原因是外來的，是因為碰到其他人而引發。在這裡，深化的自卑感也是很明顯的。

任何對個體心理學有相當了解的人，都可以很容易在這裡看出他對他人的依賴感，以及做出一些行為以求取別人欣賞，或者說展現個人優越的更多努力。

病人自己說，對別人沒有特別的興趣。她表示能夠不慌不忙地和其他人談話，但是她的話非常多，我幾乎沒有辦法插進一句話，很明顯地，她有著訴說自己的強烈傾向。在婚姻關係裡，她毫無疑問是支配的一方，可是她的先生懶，不喜歡爭吵。他辛苦工作，夜晚回來已經很累，無心和妻子外出或聊天。要是她必須在公眾前表演，她會出現嚴重怯場的症候。如果健康沒有問題，她今後要做什麼呢？我把這個當成一個重要問題向她提出。她回答時提到自己永久性的頭痛，並閃躲我的問題，沒有真正答覆；這清楚顯示病人膽怯撤退的原因。

她的右眉上有一條很深的疤痕，顯示篩狀竇上曾經開過刀，開刀沒有很久就發生偏頭痛。病人一再表示，任何形式的寒冷都會傷到她，帶來各種病痛。儘管如此，上次發病前，她洗了一次冷水澡。她說，因為這次的冷水澡，讓她很快就生病了。她病痛之前沒有先行的症候，偶爾在發病前會有暈眩現象，但不是每次都如此。好幾個醫生對她做過澈底檢查，沒有發現到器官方面的損害。她的頭蓋骨照過X光，血液和尿液都做過測試，反應都是陰性的。子宮的發育還是初期的，有向前倒轉與彎曲的現象。

我在〈Studie über Minderwertigkeit von Organen〉一文中指出，在精神官能症患者的案例裡，不僅會發現到器官低劣的現象（克雷契瑪的調查強烈證實了這一點），而且在器官低劣的案例裡，性器官也可以預期是處於一種不完全的狀態。這是不幸在年輕時就去世的吉瑞里（Kyrle）所發現的。我們現在的病例就是一個例子。

病人曾經非常恐懼地見證一個妹妹的出生。似乎從那以後，她對懷孕就有瘋狂的焦慮。我以前警告過，在還不確定他們能夠了解與吸收的時候，不要太早把性方面的事實告訴孩子。病人的情形證實了這一點。

她十一歲的時候，父親曾經不公正地指控她，說她和一個鄰居的兒子有性關係，這種在性方面的過早接觸，和恐怖與焦慮有著密切關聯，使得她對愛的抗議更加有力，抗議使她在婚姻生活中變成了性冷感。在結婚之前，她要求新郎做了一個有約束性的宣示，永遠不要有任何孩子。她和先生的性關係降到了最低限度。因為偏頭痛，以及對它的經常性恐懼，使她能夠比較容易在這樣的關係中過生活。由於一種強烈的自卑感——我們落伍的文明支持這一感覺，她把婚姻關係誤解為對女人的輕視；因此，她的情愛關係不可避免地會有困難，這是有野心的女孩子常有的情形。

自卑感、自卑情結，像「對男性性別的崇拜情結」一樣，是個體心理學的基本構想，但心理分析論者（指佛洛伊德這個學派的人）一度對它十分仇視，就像鬥牛見到紅布一樣。這樣的基本構想，後來已經完全為佛洛伊德接受，而且被強納入他的體系，雖然形式已經大大淡化。不過這一學派到今天仍舊無法了解：像我們討論的這樣的女孩，是經常在抗議感覺影響之下，使得她的身心振動，可是只有在有外在因素時，也就是說，只有在出現考驗社會興趣多寡的情形時，抗議感覺才會表現成為強烈的症狀。

這個病例的症狀是尿急、偏頭痛。而從結婚以來經常有的症候，是怕懷孕以及性冷感。我相信，在這個易怒的、盛氣凌人的人的病例裡，我已經對她的偏頭痛做了一些說明——看來只有這樣的人，再加上前述的不對稱現象，才會有偏頭痛與類似的麻煩。

不過，仍得指出什麼是引起上次特別嚴重病痛的外在因素。我不能否認，這次是冷水澡引起她發病的；不過，讓人驚奇的是，這個病人，在七個月前已經很清楚了解「冷」會帶給她的災害，卻仍一直沖冷水，而沒有想到這樣的行為會造成她的劇烈頭痛，據她自己說：「有任何危險嗎？」是不是她被憤怒的情緒控制了？病在特定時候發生，是因為她有一個方便的機會嗎？她在這個遊戲裡有對手嗎？例如，那個愛她的、忠心於她的先生。有人自殺，是因為想報仇，想處罰一個和自己有親密關係的人；病人洗冷水澡是否也可能是如此？她是否仍對自己感到憤怒，因為她對另一個人生氣？她的社會興趣有問題，使得她害怕面對人生問題。為了延遲解決人生問題，她是否在忙著研究偏頭痛、和醫生商量，以及努力說服自己病永遠不會好呢？

她的確太過看重她的先生，但是這和相愛有很大的距離；事實上，她從來就沒有真正愛過。在一再問到：「如果完全治好要做什麼時？」她長篇大論地回答說，她會搬到市區去，在那裡教提琴，同時在一個交響樂隊演奏。任何擁有個體心理學猜想藝術的人不難了解，這說明她要和她的先生分離，因為先生喜歡住在地方小城鎮。

前面提到她住在姊妹的家裡感到很快樂，同時也責備她的先生，都可以用來證實這點。她的先生非常仰慕她，因此和先生在一起，給她無比的機會，讓她從渴求權力的欲望中得到充分的滿足，很自然地，要讓她和先生分離不是容易的事。我要在這裡警告，不要在這個以及類似的病例裡，用勸告與同情談話的辦法，使分離變得容易，尤其不要建議病人去找另一個愛人，這樣的病人對愛是什麼知道得很清楚，可是卻不了解愛；如果她接受了醫生的勸告，最後，他們不只會落到痛苦、失望的境地，而且會把整個責任放在醫生身上。在這樣的病例中，任務在於使女人能更加適合於結婚。不過，在做這之前，一定得把生活風格上的錯誤去除。

下面的事實，是在仔細檢查之後證實的：她的臉左邊比右邊小些。因為那個原因，鼻尖稍微偏左；目前有麻煩的那隻左眼，比右眼小。同時，我也不能解釋為什麼她臉的右邊也有同樣的症候，也許她在這點上弄錯了。

她夢見：「我和我的嫂嫂與一個姊姊在戲院裡，我對她們說，等一下，我會讓她們看到我在台上。」

解釋：她總是設法在親戚面前炫耀。她希望在一個劇院的樂隊裡演奏，認為自己沒有得到親戚足夠的重視。在這裡，我提出的對器官低劣做精神補償的理論，也證明是正確的。這個女人的視覺器官有問題，幾乎是毫無疑問的。她兄弟的情形也一樣，患有同樣的病。我無法確定，除了血管與神經束方面的不正常之外，是不是還有其他原因？視力和新陳代謝都正常，甲狀腺也沒有改變。有關戲院與舞台的夢，明顯表示她是一個視覺型的人，對自己的外表非常關心。她的婚姻和在鄉下生活，妨害到她的表演。懷孕、有孩子也會造成同樣的麻煩。

她的病在一個月之內完全治好了，在此之前，引起上次病痛的外在因素也得到了說明：她在先生外衣口袋裡找到一封信，是一個女孩寫的，裡面僅僅幾句問候的話。先生也向她說明，使她平靜下來。不過，她仍是起疑心，而且嫉妒先生，這是以前從沒有過的。從那時開始，她不斷監視他。她也是在這段期間，洗了冷水澡，而引起疾病的。

她近期的一個夢，發生在嫉妒先生與虛榮之後，顯示她仍舊懷有疑心，對先生抱著謹慎與不信任的態度。她看到一隻貓抓了一條魚跑走了，一個女人在後面追，要把魚搶回來。解釋是很自然的，不需要對它做無謂的討論。她用的是隱喻的語言，在那樣的語言裡，一切聽起來都會更強而有力。她設法用那樣的語言為自己做準備，避免類似的偷竊情況——丟掉丈夫。

在解釋時，她說，她從來沒有嫉妒過，她的驕傲不許她有那樣的罪惡，不過自從發現那封信之後，她曾經想過先生不忠於她的可能性。當她想到先生可能真的不忠時，她對於假定的「妻子依賴丈夫」的事實就更加憤怒了。在她想像之中，她的價值無疑是依賴丈夫的，而丈夫卻無法了解到那一價值，因此，她要復仇。冷水澡實際上是她生活風格的復仇行為；偏頭痛是震撼的結果，要是沒有偏頭痛，那麼，她就是承認自己一文不值。對她而言，還有可能比這更糟的嗎？

# 第五章

# 體型/運動/個性

【第五章】

# 體型／運動／個性

本章我們將考慮人的三個外在方面：體型、運動與個性，藉以評估它們的價值，說明它們的意義。對人的科學知識，當然，須以經驗為基礎，但是只蒐集事實不能給我們帶來科學，那只是科學形成的第一步，必須把蒐集到的資料，依一個共同原則，按一種可靠的方式加以整理。憤怒的拳頭、眼神、大聲的咒罵等等，這些相當於攻擊的動作，很明顯已經是一種常識。人的研究、更加接近真理的衝動，這正是科學的基本性質，在這一常識的領域，已經不再有任何進一步的問題，只有在能夠把這些以及許多其他現象納入一個更遼闊、到目前還沒有發現的關係體系裡，讓我們能夠看到新的觀點，讓舊的問題似乎得到解決或者出現，才有理由說是在談論科學。

器官的形式，以及人的外在形式，或多或少和人的生活模式是配合的，基本樣式來自人對長期沒有變動的外在環境的適應過程。適應的程度有許多的不同，只有當某種方式的發生，可以看到的確定界域被超越了，形式才會有明顯改變。基本發展當然也受到其他因素的影響，我要強調下面幾項：

（一）某些沒有暫時或永久存在可能性的變種的滅亡。在這一點上，生物適應法則，以及讓大小團體不勝負荷的錯誤存在方式（戰爭、惡劣政府、有問題的社會適應等等）都有作用。必須考慮到多少以孟德爾定律（Mendelian Formula）為根據的硬性遺傳法則，以及器官和形式相結合的力量，在適應過程中可能受到影響的事實。形式和個體與集體障礙的關係，可以形容為價值的產物。

（二）性的選擇標準。由於文化的成長，交通的成長，這個因素似乎是在向形式（Form）與類型（Type）的同一方向發展，而且多少受到生物學與醫學知識，以及與它們有關的美感影響。美感當然會有變化、有錯誤。對照的美的理想，例如：運動家與陰陽人、豐滿與苗條，顯示這些影響是怎樣在變動；而這些變動又無疑受到藝術方面相當的影響。

（三）器官的相互關聯。器官彼此，以及內分泌腺（甲狀腺、性腺、腎上腺、攝護腺）相互關聯，就像是一個祕密同盟，能夠彼此支持、傷害。因此，會發生這樣的情形：器官的形式如果分別存在下去，一定會毀損，但是在相互關聯中，基本上不會干擾到個人的恰當與完全的運作。

在這種綜合的效應裡，周邊與中樞神經系統扮演了突出的角色，因為在和自律系統聯合之後，它可以大大加強自己的活動，同時，如果身體與精神方面有適當的訓練，可以增加個人的一般運作能力。因為這個原因，異常地、肯定地有缺陷的形式，不一定會威脅到個人以及世代繼續存在，因為它們會從力量的其他泉源得到補償，使得作為整體的個人能夠維持平衡狀態，缺失有時不但得到補償，而且還得到超額補償。

調查顯示，最卓越、最能幹的人，絕不會在最漂亮的人中找到。這使得我們更可能相信，個人或者族群優生學，只能在很狹隘的範圍內創造價值，而另一方面，它們牽連到太多的複雜因素，使得判斷上錯誤出現的可能性，比正確結果要大得多。統計數字上的結論，不論多麼有保障，在個別的案例裡，絕不可能是有決定性的。

中度近視、狹長形狀的眼睛，在我們的文明裡無疑是一項長處。這種眼睛的組織最適宜於做短距離內可以完成的工作，幾乎可以完全避免疲勞。在一個慣用右手的文明裡，有百分之四十的人是左撇子，這當然是一個缺陷。可是我們發現在最好的製圖者、畫家，以及最有技巧的工人裡面，有相當人數的左撇子，能夠用訓練較好的右手，做品質優異的工作。

壯碩者和瘦的人都有麻煩，他們面臨的威脅不同，但是在嚴厲的程度上多少相同，雖然從醫學與美學的觀點，瘦者似乎愈來愈處於有利的地位。一個較短、較寬的手掌，的確看來比較適合於做粗重的工作，因為有較大的槓桿力量。可是技術發達，機器不斷改善，人們愈來愈不需要做粗重的勞力工作。體型的美——雖然不能否認它的吸引力帶來好處，但也帶來壞處。

可能有不少人注意到，在未婚以及沒有兒女的人中，有很多體格健美的人，而吸引力比較少的人，因為其他方面的優越，卻參與傳宗接代的工作。我們經常在某些情況裡，發現到和期待不同類型的人：短腿、平腳板的山地人，力氣極大的裁縫，長相奇特的人。碰到這類案例，對複雜的心理要有更深刻的知識，才能了解這種明顯的矛盾。每個人一定都碰到過身材像孩童般的人，可是其心智卻少見地成熟，碰到過體格堂堂、行動幼稚的人，懦弱的巨人、勇敢的侏儒，貌醜、畸形的上流社會人士，漂亮的惡漢，女人似的罪犯，相貌凶暴的善心人。

梅毒和酗酒會傷到人的精液，常會在子孫身上留下看得見的症狀，這已經是大家都接受的事實；這些人的後裔抵抗力弱，容易生病、死亡，也是事實，可是例外也很多。就在最近，蕭伯納才談到他酗酒的父親，而他自己，年紀這麼大，卻仍是這麼精力充沛。適應法則的影響力和選擇的超越原則是對立的，此原則的複雜性，目前仍無法了解。詩人哀嘆說：「帕愁克勒斯（Patroclus）躺在墳墓裡，而色爾西特斯（Thersites）卻回來了。」正說明了這點。瑞典在當年的戰爭裡遭到巨大的死傷，造成男人不足，政府通過法律，強迫所有活下來的男人結婚，有病的及殘廢的也不例外。現在，如果可以做族群比較的話，今天的瑞典人乃是上上型的。古希臘有拋棄畸形兒在野外的習俗，可是，在伊底帕斯（Oedipus）神話裡，我們看到受傷害的自然對此一辦法詛咒，說得更貼切一點，即是對受傷害的人類社會邏輯詛咒。

也許每個人心裡，都有一個人形（Human Form）的理想圖像，同時以它為標準來判斷其他人。的確，猜想在生活裡總是必須的，那些敢於在較高的知識領域遨遊的人，稱它為直覺。心理醫生和心理學家所必須面對的問題是：發現存在於我們心中那些用來判斷人形的準則。在這裡，人的行為常是狹隘範圍的經驗，以及通常在童年就執著不放的刻板形象，此形象似乎起了決定性作用。

拉瓦特（Lavater）以及其他一些人已經在這裡面整理出一個系統，貪心的人、仁慈的人、邪惡的人、罪犯，我們以此形容，並與大眾的印象在性質上又是多麼相同，只要考慮到這些，就無法否認，儘管所有的合理懷疑，我們是在依據隱藏的、經仔細考慮的判斷標準，考查人形的內容與意義下所提出。然而不可否認的是：精神在為自己創造身體，不是嗎？

請大家特別注意兩本處理這一問題的著作，因為它們對形式與意義這一難題的了解有幫助。我特別要指出克雷契默的那本和「體型與性格」有關的值得注意的著作，以我自己的《器官功能低劣的研究》而言，後者的出版要早得多。我在那本著作裡以為發現到一個連環的蹤跡，把天生的低劣器官與人的心理思想連在一起，因為低劣器官是一個經常存在的負面變種，能夠引發出更強烈的自卑感，造成心理思想上特別緊張。這種緊張如果沒有恰當的訓練，會讓人覺得外在世界的要求帶著太多的敵意，對於自我的關懷，也會以顯然的自我中心方式升高。精神上的過分敏感、有缺陷的勇氣、猶豫不決，以及反社會的統覺（Apperception）樣式都是由此產生的。對外在世界的看法成了調適的障礙，造成不能適應的情形。

由此我們可獲得一個觀點：從它出發，如果能夠非常小心、不斷注意佐證或矛盾之處，可以使我們從形式中推論出有關其主要意義與內容的結果。另一方面，我可以證實，這種較強烈的緊張所引發的心理訓練，能夠導致更大的成就；我從一些經驗推斷內分泌腺，例如：性腺，可以用適當的心理訓練改進或維持它的狀況，也可以用不適當的訓練傷害它，我相信自己的推斷沒有錯。因為我常常在許多幼稚的、女性化的男孩，以及吵鬧、頑皮的女孩案例中，發現到由父母啟動的往反方向的訓練，而這些並非偶發事件。

克雷契瑪曾經比對矮胖型與分裂性人格型兩種人，他們外在方面的不同，以及他們的特殊心理過程，對這一很有價值的題目做出貢獻。形式與意義之間的橋梁，不是他的興趣所在，他對這些事實的卓越敘述，無疑會成為我們的一個起點，可以由此做進一步的努力，去解釋我們的問題。

發現運動的意義，研究者在處理這一問題時，是站在一塊堅固的土地上，甚至在這一題目上，有許多還是得靠猜測的，而在每一案例中，都有必要從事實之間的整個關係裡，獲取猜測正確的證據。同時我們一併表明，也是個體心理學所一直強調的，每個運動都是來自一個統一的人格，裡面沒有矛盾，沒有模稜兩可，沒有兩個靈魂。下意識裡的人，可以和意識裡的人不同這個想法，任何人如果掌握到意識的精細與微妙之處，就會否認這是個人行為的區別，是那些心理分析的狂熱分子最先弄出來的。人的運動決定他的人生意義，怎樣運動，也就有怎樣的人生意義。

個體心理學（Individual Psychology）嘗試給予表達行為的意義學說（The Doctrine of the Significance of Expressive Movements）一個科學形式。在這一科學領域裡，建立了兩個有著成百上千變種的因素，使得我們可能對這些運動做出解釋。一個表現性運動意義在最早的童年就成形了，它顯示這樣的衝動：為克服沒有安全感的情況找一條途徑，使得自卑感能轉變為優越感，並使緊張能夠解除。這條途徑，它的特質與變種在童年時候就已經習慣性地經常出現，它被看成是在整個人生都不會改變的一種運動形式。要認識它個別的不同色調，觀察者方面要有藝術性的理解能力。另一個使我們能夠洞察當事者的社會興趣，就是洞察他和其他人的合作意願，我們對他視、聽、言談、交往、行動的判斷，對他表現性運動的評價與區分，所注意的是這些運動在社會生活方面的價值。這些表現性運動是在一個相互利益的領域裡形成的，在每次測試中都會顯示它們在貢獻性服務方面的準備。最初的運動路線總是會出現，而且至死不會消失，儘管路線有著成百上千的形式，在時間連綿不斷的過程中，克服的衝動會指導每一個運動；而這一向上奮鬥的運動，是由社會興趣得到它的音調與色彩。

在尋求最深刻的統一過程中，我們非常謹慎地希望向前走一步，現在得到了一個觀點，使我們能夠預言運動（Movement）如何成為形式（Form）。形式的適應性的確有它的限制，但是在這些限制之內，運動有它自己的效果。在時間的洪流中，這一點對各個世代、民族、人種都是相同的。運動成了有模式的運動，也就是說——形式。因此從形式中得到有關人類的知識是可能的，如果我們能從中認識到如何去塑造人類的運動。

# 第六章

# 自卑情結

【第六章】

# 自卑情結

很久以前，我就強調每個人都有自卑情結。也許不是每個人都記得他曾經有自卑的感覺，也可能許多人對這個詞彙有點反感，寧願另外選一個。有些特別聰明的人會說：「孩子一定先有高度的價值感，然後才會有自卑感。」以為那樣說就可以證明我是錯的。

然而不足的感覺是一項正面意義的痛，而且至少在任務未完成、需要未滿足、緊張未解除前，會繼續下去。明顯地，這種感覺是自然賦予的，使它可能的、並可以和尋求解脫的痛苦緊張相比擬。這種解脫不一定愉快，像佛洛伊德假定那樣，但是可能會和愉快的感覺伴隨在一起。和尼采立場相符的一個想法，在某些情形，痛苦解除之後，永久或暫時的愉快也跟隨而至，例如：對一個不忠實的朋友說再見，或是一次痛苦的手術。還有，把痛苦結束，因為人通常會選擇它，而不願選擇沒有結束的痛苦。只有逃避問題的人，才會把它看成快樂。

嬰兒的運動會展露不足感與不停的奮鬥，以及追求完美和人生問題的解決。同樣地，人類在歷史上的運動應該視為是不足感的歷史，一個努力解決自己問題的歷史。某個時候，被啟動的生命素材會一直不斷地努力，並從負面情況進入正面情況。這一運動，我在一九〇七年《器官自卑及其心理》一書中已經說過，我們是在進化這一構想下了解它的，不論在任何方面，它都不可以被看成是走向死亡的運動；相反地，它的目標是要克服外在世界，絕不尋求妥協或其中任何寧靜的狀態。

佛洛伊德表示，死亡非常吸引人，人在夢中或其他場合渴望死亡。這一點，即使以他的構想，也是一個過早的期盼。另一方面，有人寧願選擇死，也不願去和外在環境奮鬥，因為他們太愛面子，對於失敗有一種誇張的恐懼，這些人不斷渴求被溺愛，渴求其他人能減輕他們的負擔。

人體是依安全原則建造的，這是可以被發覺的。梅爾茲（Melzer）一九〇六、一九〇七年的「哈佛演講」，曾引起大家對安全原則的注意。他的演講和剛才我提到的研究，是差不多同一時間，不過他在討論這個問題時，更加澈底與全面。

如果一個器官受傷了，另外一個會取代它的位置，受傷的器官自己會有復原的能力。所有的器官都能比它們在正常情況下的表現更好，一個器官可以負擔好幾種重要功能。而自我保存的法則，是上天為生命制訂的，生命從它的生物發展過程裡贏得了自存的力量與能力。孩子長大離開父母，年輕的一代離開年老的一代，也只是生命自衛的一部分。

而我們不斷前進的文化，也指出這一保護的趨向。它顯示人總是在感覺自卑的狀態之下，而這種感覺經常的刺激、催促他採取更多行動，以獲得更大的安全。伴隨這一奮鬥的快樂與痛苦，只是在這條途徑上所得到的援助與報酬罷了。

無論如何，人如果永久安於今天的現實，將會只是在榨取及利用其他人奮鬥的成果，他的世界和那些被溺愛的孩子所要求生活的世界沒有什麼兩樣；不斷追求安全，這一奮鬥會要求人們去征服今天的實在，追求一個更好的環境。如果沒有這股帶著我們前進的文化，人的生命就不可能存在。人如果沒有利用自然力，那麼在自然力攻擊之前，就已經滅亡了，並可能使得那些較有力量的動物成為他的征服者。

氣候迫使人用衣服禦寒以保護自己，而衣服取自受到更好保護的動物；人的身體要求他住在人造的房子、人準備的食物，只有分工與足夠的子女，才能保證他的生命可以繼續下去。為了征服與安全感，人的身體、精神不斷地辛苦工作。

除此之外，還必須提到人在生命的危險方面，必須追尋更多的知識以及對死亡的知曉。自然對個人像是一個後母，但是卻給了人一項福祉，強烈的自卑感，就是催促人往正面情況及安全、征服努力的機動力，誰又能懷疑這一點？在每個嬰兒與小孩的身上，都可以看到對深錮自卑感的巨大及強迫的反抗，這是人發展過程中的基本事實。

孩子如果智力正常，不是傻子，就會受到向上發展衝動的支配，這種衝動會刺激他的身心成長，自然已經把他標誌出來，要他為征服奮鬥。如果他小而弱，缺乏自我創造的滿足，如果自然在造就他時，忘掉了很多東西，有的瑣碎、有的比較嚴重，這些無疑都會刺激他去發展他的力量。

他的存在有很多欠缺之處，而這方面的壓力卻促使他去創造新的生活形式。他的遊戲總是針對一個未來的目標，這是他自我創造力的標記，絕不可能用制約反射來解釋。因為他有必須克服的衝動，在此衝動的驅策下，在未來的虛空裡不斷建造。

人被這種人生的「必須」控制了，渴望克服他在地球上的命，以及這「命」不可避免的一切要求，並因此達到最後的優越目標，並被這種經常的、不斷增長的渴求拉著前進。而此一拉著他前進的目標，從孩子期追求征服的狹隘環境裡，得到它的音調與色彩。

早在一九二一年出版的《Über den nervösen Charakter》一書裡，就曾經有過上述方面的理論探討，把它當成很基本的東西，在這裡只能做簡短敘述。

如果有這樣一個征服的目的（進化證明有），那麼在孩子身上已經達到的、落實的進化程度，就成了創造這一目的的材料。換句話說，孩子從過去所繼承的，不論是身體或精神方面的可能性，只有在能夠而且也是為最後目的所用的情形，才會被考慮到。

任何在孩子未來的發展中所發生的種種生命痕跡，都是因為繼承材料的使用所引發的，甚至因孩子的創造力所完成的。我曾經提醒人們特別注意繼承材料的許多吸引人之處，不過，我必須否認，繼承材料有任何因果的意義。因為多方面的、不斷變化的外在世界，會要求對材料做彈性的、創造性的運用。征服的途徑總是維持不變，但是征服的目的，一旦在世界的巨流裡產生了具體的形式，將會為每個人定出不同的方向。

低劣的器官、對孩子的驕縱，或者完全不照顧孩子，常常會誤導孩子，使得他設定和個人福利、人類進步相違背的具體目標。不過，也有足夠的案例與論點，使得我們有理由指出，錯誤途徑的選擇產生錯誤的結果，並非是因果關係的事件，而是一個統計學上的或然率事件。

在這一點上，必須記得的是，每一種邪惡都可以發展出另外的一面，每一個信仰也都一定會有不同世界觀的人，這些人，都會在他們的世界觀裡顯露出，他與其他相同信仰者的不同遠景，每一個色情作家都有自己的個性，每一個精神官能症患者，都把自己與其他精神官能症患者區分開來，就像每一個犯人把自己與其他犯人做出區別一樣。而此正是在展現每個個人與其他人不同的方面，並顯露了孩子的創造力，以及他對於繼承的可能性與能力的運用。

對孩子周圍世界裡的因素及教育方法都是一樣，孩子接受它、使用它，並使自己的生活風格落實；為自己創造一個目標，頑固地朝著目標的方向努力，而且依據目標思考、感覺、行動。一旦個人的運動被確實地了解，即會假定運動有一個目標，並朝此前進。一旦沒有目標就不會有運動，而目標也永遠不會達到。

自卑的感覺統治著人的精神生活，在人的不完全、未實現的感覺裡，以及人類不斷的奮鬥裡，都可以清楚看到它的存在。

人每天都有許多工作要做，也是對整個人生的要求。生活中每一項工作都要求他準備攻擊，並使他的運動由未完成到完成。一九〇九年，我在《人生與精神官能症裡的侵略性衝動》（**The Aggressive Impulse in Life and in Neurosis**）一書裡，嘗試對這一題目做更多的說明，我得到這樣的結論：這一攻擊準備來自人的生活風格，是在進化衝動的強制之下，也是一個整體的一部分，沒有理由要把它看成極端邪惡，而認為它是人天生虐待狂衝動的表現。

如果想要拚命把人的心靈生活，建立在人的沒有方向、目標的本能或衝動上，那麼至少進化的驅策，以及在進化中的人，在往社區發展的傾向不應該被忘掉。社會上有太多被慣壞了的人，太多失望的人，因此也難怪那些不仔細思考的人，包括社會各個階層的，會接受有關心靈生活的這一錯誤想法。

因此，孩子第一個創造性的舉動，就是適應他最初的周圍環境，自卑感在他使用能力時也要他這樣做。這個調適，人人不同，我們在最後把它看作是形式「凍結的運動」，一種似乎提供安全與征服目標的生活形式。這一發展的限制，也是一般人類的限制，取決於個人與社會進化所達到的階段。無論如何，不是每種生活形式都會適當運用此一進化階段，因此它也會和進化的潮流相對抗。

在前面幾章裡，我曾經指出，人如果能努力使自己順從理想社區（那是他必須為之奮鬥的要求），那麼，他身心的完全發展就會得到最好的保障。有些人自覺或不自覺地採取這一看法，另外也有很多人則不考慮這一點。在這兩者之間，存在著一條無法跨越的鴻溝。這兩種人的對抗，讓世界充滿了許多瑣碎爭論與激烈衝突。那些努力的人是在為人類的福利努力，甚至那些違抗進化潮流的人也不是皆帶來損害，因為他們的違抗，使得其他人不得不做更大的努力。他們激起別人的批判精神，協助這些人得到更完全的知識，對人的創造感有貢獻。

因此，個人與社區發展所要走的路線，都是由社會興趣的程度決定的。於是我們在是非判斷方面有了一個堅固的立足點，也已經可以看到一個方法，不僅在教育和治療上，而且在判斷背離正確途徑方面，提供給我們出人意料的確定性。這樣被拿來使用的標準，比實驗法所提供的一切都更準確。

在這裡，測試是由人生自己定的；個人最小的表現性運動，都可以顯示他所走的方向、顯示他與社區的距離。現在流行的心理治療方法，會度量那些有傷害性的症狀，或說對社區造成的傷害。把它拿來和這些方法比較，可以看出個體心理學的優點，雖然這些方法，在社區向上奮鬥的魔咒驅使之下，也在努力改進自己。

個體心理學不譴責，只求改進，這也進一步顯示它的優點；它不把責任放在個人身上，而認為文化應該負起責任，失敗是文化的失敗，而文化的瑕疵和所有人都有關係，個體心理學要求大家合作把它們去除。要完成這一任務，不僅要考慮到社會興趣的加強，而且要考慮到它的存在問題，這顯示我們的進化到今天為止，仍是在很低階的。毫無疑問地，未來的世代會把社會興趣結合到他們的生命裡去，就好像我們已經把呼吸、站姿、網膜上不斷移動的光影，看作是不動形象的習慣，結合到我們的生命裡一樣。

人的心靈生活裡，有一種成分滋養人的社區情感。支持「愛你身邊的人」這一律令；許多人不了解這個成分，只忙著揭露人性中的那個壞蛋，那個不願被發現與處罰而狡猾躲著的「內在惡棍」。甚至這些人性，也是向上奮鬥的人類重要的滋養品，他們用怪異而誇張的方式，顯露了他們的落後發展狀態，相信其他人都沒有價值，使自己自卑感獲得純粹是個人的補償。往社會興趣的途徑有時是不確定的，他們利用這一點，來為對社會有害的觀念與生活方式辯護，而且在拯救的名義之下，把它們強加在現在的乃至未來的社會上，這樣誤用社會興趣觀念，在我看來才是真正危險的。

因此有時也會有人聰明地為死刑、戰爭，乃至殺害對手辯護。而這些人又總是披著社會興趣的外衣，此乃證明社會興趣的無所不能。所有這類過時的想法都清楚顯示，這種辯護是因為沒有信心，不認為可以找到一個新的、更好的途徑，也就是說，是因為一種毫無疑問的自卑感的緣故。進步觀念的勝利、垂死觀念的滅亡，是沒有辦法阻擋的，甚至「殺」也沒用，這是我們該從歷史上得到的教訓。就我們所知，只有在自衛的情況下，也就是說，在自己的生命或另一個人的生命遭到威脅時，「殺」才可以說得過去。

莎士比亞在《哈姆雷特》一劇裡，比其他任何人都更清楚地把這個問題呈現在人類的視野之前，只是人們不了解這一點。在所有莎士比亞以及希臘詩人的悲劇裡，殺人犯都被「憤怒」追獵至死；而那是發生在他們的時代。那時，有比我們今天更為可怕的流血事件，讓那些為理想社會奮鬥的人感到震撼。他們也比較更加接近那一理想，最後他們因為堅持理想而勝利。罪犯的一切錯誤告訴我們，他的社會興趣所能到達的極限。人類中努力向前的那一部分人，因此不僅有責任做到啟蒙與正確教育的工作；而且有責任對沒有受過社會興趣訓練的人，使他們不要過早接受考驗。

這些人也絕不可能認為自己可以去超乎自己要求的工作，因為在碰到一個需要高度社會興趣的問題時，他們會感到震撼；這時，即形成自卑情結，因而造成各種失敗。

罪犯本性的結構，清楚顯示一個有力量，但是對社會沒有用的人的生活風格。這種人從孩童時候開始就發展出一種人生觀，使他覺得有權利享受別人的「貢獻」。這種人大部分是被寵壞的孩子，其中受忽視的孩子人數比較少。有的人認為罪是自我處罰，可以追溯到孩童時候的性變態，有時也可以追溯到人的「伊底帕斯情結」。如果我們了解在真實世界裡熱愛隱喻的人，很容易就會陷在明喻及類比的網絡裡，就不難駁斥這一觀點。哈姆雷特：「你看到那兒的雲嗎？形狀差不多像一隻駱駝。」波洛尼斯：「天哪！是像駱駝，一點不錯。」

把糞便拉在褲子裡、尿床、對母親不平常的愛、總是跟在母親旁邊，這類幼稚的錯誤，是被寵壞的孩子之明顯標記。他的生活領域沒有超出母親的範圍，同時又不包括母親有責任監督的一些功能。有時這些稚氣的錯誤和一種愉快的感覺連在一起，吮吸大拇指，把大便拉在褲子裡就是例子；對呵癢比較敏感的孩子也是一樣的。

有時，在寵壞孩子的寄生存在裡，因為他對母親的依戀，會開始有性方面的感覺。稚氣的錯誤在上面的兩種情形裡，會變得更加複雜，並成為一種威脅，但是這些情況主要是寵壞的孩子才會產生。許多孩子不肯放棄這些稚氣的錯誤，不肯放棄稚氣的手淫，使得他們的興趣偏離合作、轉而去尋求如何逃避社區生活的責任、如何減輕這方面的負擔；由於各種不同原因，特別是因為驕縱的緣故，他們一直都沒有學會如何與人合作。

在大部分的案例中，興趣轉移的同時，在母子的關係上，由於母親更加警覺，會出現更多的「安全」（佛洛伊德在他對我的安全觀念的錯誤解釋裡，把它看成「防禦」是不對的，從任何方面看，它都不是「防禦」）。

社會興趣不夠、自卑感增加，而兩者又緊密地連在一起，在孩子生命的這一時期，可以清楚看到這些現象，而其中大部分又是和一個自以為生活在敵意環境裡的存在的各種特質連在一起的，相互支援；這類特質包括過度敏感、沒有耐心、情感的加強、怕死、謹慎、貪心，最後一項含有一切都該是孩子的假設。

生活中的困難、危險、傷痛、失望、憂慮、喪亡，特別是喜歡的親人的喪亡，各種的社會壓力，一定總是可以在自卑感的圖像裡看到；大家知道的焦慮、悲傷、絕望、羞恥、害羞、發窘、厭惡，這類強烈情感與心態就是最常見的形式。它們可以從臉部的表情與身體的姿勢中看出，情形像是肌肉的正常鬆緊度突然喪失了，不然就是一種運動形式的出現，主要見於從引起情感的物件的撤退，或是從持續追問人生的方向的撤退。

同時，在理智的領域，也出現了退卻、逃避的思想。感情的領域，就我們所知，則用感情的激動以及激動的形式，反映不確定與自卑的事實，藉以加強退卻的衝動。人的自卑感，通常是在向前奮鬥的過程中耗損掉的，可以很生動地在生活的風暴中見到，清楚地在嚴重的考驗中發現。它在每個案例中表現的都不同，如果把它所有的表現都包含在內，那麼所代表的就是每個人的生活風格，而此風格會在人生的所有情況裡，完全而沒有分割地表現出來。

甚至在努力控制、憤怒、厭惡、鄙視這些感情時，人也應該能看到生活風格的活動。風格是在優越這一目標的強制衝動下形成的，靠著自卑感的驅策前進。

理智，是生命的第一形式，可以因為不肯面對問題，執著於退卻路線，而造成人的精神官能症、精神病以及受虐狂性質的行為；在另一形式，情感，除了混合形式的精神官能症之外，就會有下列更大活動的表現：自殺的傾向、酗酒、犯罪，或者主動的變態活動，視各人的生活風格而定。不過，不可以把這個活動誤認為勇氣，「勇氣」只有從社會的角度向前進的人才有。然而很明顯地，我們在這裡關切的，不是佛洛伊德稱之為「退化」（**Regression**）的虛構過程，而是同一生活風格的重整。那些生活形式和以前有過的相似，或者有許多細節部分相同，不可以因為如此就下結論說，它們是同一個東西。

人對生活的各種問題準備不夠，會引起一千種不同的形式，表露心靈與身體的自卑與不安全感。這一缺點，甚至在較早階段，就會引起各種自卑感，並表現在人的性格、運動與儀態上，在自卑感誘發的思考模式、在偏離進步途徑的行為中表現出來。所有這些表現自卑感的形式，因為社會興趣的缺乏而強化的形式，在問題變得有威脅性的時刻，在「外在因素」出現的時刻，就會變得明顯。在「典型失敗」的案例裡，這個因素不會少，雖然不一定每個人都找得到。

典型失敗是因為保留震撼效果引起的，而保留則是一種遲緩嚴重，由自卑引起的壓迫感的嘗試，以及一種為脫離負面情況所做的不斷奮鬥的結果。無論如何，在所有這些失敗的案例裡，社會興趣的優點都是不容爭辯的，「善」、「惡」的區分都是不能去除的。在每個案例裡，都有個突顯社會興趣壓力的「是的」，但是後面又一定會有一個「但是」。此力量相較於前面更大，而且會阻止社會興趣的增長。這一「但是」在所有案例裡，不論是典型或是特殊的，都具有個人色彩。治療的難度和「但是」的強度成正比，後者在震撼之後的自殺與精神病裡是最強有力的表現，那時「是的」幾乎完全消失了。

焦慮、害羞、保守、悲觀，這類特質顯示一個人在與其他人的互動，長期以來就有問題，在命運的嚴厲考驗下會變得更加厲害。

舉例來說，它們在精神官能症裡，都有或多或少強烈突顯的症候。在這類人之中，他們典型受阻礙的運動裡，情形也一樣，這類人總是站在後面，和他面對的問題隔得遠遠的。這種對生活後方的愛好，會因為個人的思考模式而顯著增強，有時也因為不能自制的思考，造成無用的罪惡感而增強。不難了解的是：人不敢面對問題，不是因為罪惡感，而是因為他們的人格有問題的傾向與準備，使他覺得可以利用罪惡感作為藉口，而不求進步。

舉例來說，因為手淫而對自己做不合理的譴責，可以為懊悔提供一個適當的藉口。每個人回想他的過去，都會希望有許多事情自己不曾做過；這些人甚至可以利用這個事實，作為一個好的藉口，而不去扮演他們恰當的角色。

有人尋找精神官能症、犯罪這類失敗的原因，把它追溯到罪惡感這種蒙蔽人的思想上，這顯示他們並沒有了解情況的嚴重性。在社會興趣有缺陷的案例裡，在追溯的過程中，總會發現病患在面對社會問題時，會有嚴重的懷疑。

而懷疑會加深震撼，震撼又造成身體方面的變化，也協助個人轉向其他途徑。身體上的變化，毫無疑問地，會使得整個身體進入一種暫時或永久的混亂狀態，不過主要是在一些部分造成顯著的功能上的混亂——這些部分對心理不安的造成，應該負有最大的責任。「不安」可能是因為器官功能卑劣的結果，也可能是因為承擔了太多的關注。

功能上的毛病，可以在下列事實中看出：肌肉鬆緊度的降低，或者肌肉受到刺激、毛髮豎立、流汗、心、胃、腸方面的毛病、尿急迫、呼吸困難、喉嚨緊縮、性方面的激動或者完全沒有性慾。類似的毛病，常會因為家庭圈子裡的困境而加深，也可能有頭痛、偏頭痛、激烈的臉紅，或者臉色蒼白的情形。

最近的許多研究，特別是肯南（Cannon）、馬拉南（Maranon）與一些其他人的研究，證實下面的事實：交感的腎上系統在這些變化裡，扮演了一個重要角色，自律系統的頭蓋和骨盤部分也一樣，它們會以不同方式對各種情緒做出回應。這證實了我們長久以來的一個猜想；甲狀腺、腎上腺、性腺、腦下垂體，這些內分泌腺的功能會受到外在世界的影響，以及在符合個人生活風格的原則下，根據主觀感受的強度回應心理印象。這個回應的目的是要恢復身體的平衡，可是如果個人在解決人生問題方面沒有足夠的準備，那麼就會以極端、過分補償的方式做出回應。

個人的自卑感，也可以在他所走的途徑方向上看出來，我已經談過遠離人生問題、停頓和問題保持距離這些事情。毫無疑問地，有時這樣的辦法是對的，而且符合社會興趣的原則。這一事實尤其和個體心理學有關，因為這一科學對規則與程式的價值總是有所保留，總是認為必須對它的正確性提出新的證據。一個新的證據在個人剛才提到的運動裡的習慣性舉止中可以看出來。「遲疑態度」之外的另一種程序模式，會讓人懷疑到自卑感存在，可以在對人生問題的完全或部分逃避中見到。這在自殺、精神病、習慣性犯罪與變態裡是屬於完全逃避，酗酒與其他癮癖裡則是屬部分逃避。

最後，再舉一個自卑感引起的運動模式的例子：人明顯地縮小自己的存在領域，縮小自己前進的途徑，把許多人生問題的重要部分排除。不過這裡也有例外，如：藝術家、天才一類的人，因為要對社區的進展做出更大的貢獻，不顧慮人生問題的個人層面。因此，剛才的話不能用在他們身上。

我很早就對所有典型失敗案例中的自卑情結，有一定的見解，但是我努力了很長一段時期，來解決在這裡出現的最重要問題，也就是：在需要面對人生問題時，自卑情結是以何種方式從自卑感中產生的？有什麼樣的身體與心理後果？這個問題，就我所知，到今天為止不但沒有獲得解決，而且也沒有被研究者在研究中提出合理的解釋。對這個問題，像對個體心理學領域裡的所有其他問題一樣，我從參考全體以解釋部分，參考部分以解釋全體的方式中，得到了答案。

自卑情結，也就是說，自卑感後果的持續以及自卑感的維持，在社會興趣不足的情況中得到了解釋。同樣的經驗、夢、境況、生活問題，如果有完全相同的事實存在的話，在不同的人身上會有不同效果，而這在人的生活風格與它的社會興趣內，有著決定性的作用。

有時候，會碰到那樣的人，可以毫無疑問地證實他缺乏社會興趣（在證據方面我希望只依賴有經驗的觀察者），他也毫無疑問地會有暫時的自卑感的跡象，可是卻沒有發展出自卑情結；這一事實在許多案例裡可能誤導我們，使我們懷疑這一論據的正確性。

這樣的人，有時可以在那些沒有什麼社會興趣，但生活在有利環境中的人裡找到。有沒有自卑情結，總是要在下列事實中去尋找：過去的生活、至今為止的行為、孩童時期被溺愛、低劣器官的存在，以及在孩童時期被忽視、沒有得到愛的感覺。

在治療時，我們也會使用個體心理學所用的一些其他方法，包括：對童年時期最早記憶的了解、個體心理學在病患生活風格整體方面的經驗、個人在家庭系列的地位，對他的生活風格影響的方式，以及夢的解釋方法。之後我們會提到，在自卑情結的案例中，個人的性行為與發展只是整體的一個部分，完全包括在情結裡。

# 第七章

# 優越情結

# 【第七章】優越情結

或許你現在會理直氣壯地提出這個問題：「那麼，在自卑情結的案例中，向優越目標的奮鬥又在哪裡呢？」因為事實上，如果不能指出在自卑情結的無數案例裡，有「奮鬥」這一東西的存在，那麼個體心理學這一科學就會出現很大的不一致，最後一定會因此而被毀掉。不過，這個問題絕大部分已經得到解答。

人因為缺乏社會興趣而受到失敗的威脅，這時候，追求優越、為優越奮鬥，會把他從危險區中拉回來。這種奮鬥在明顯或潛在的懦弱中得到表現；這樣的效果使個人繼續留在撤退的行列裡，從面對的社會問題撤退或是強迫他避開這個問題。

在「是的——但是」的矛盾裡就含著這一奮鬥，它迫使人接受一個意義，這個意義給予「但是」一方更多分量，同時把他強烈地掌控在自己的魔咒之下，使他只關注震撼的效果。這是很容易發生的，因為牽涉在問題裡的個人，是一些沒有適當社會興趣的個人，他們從孩童時，就把注意力完全放在自己的快樂與痛苦上。

順便一提，在這些案例裡可以看到三種型態，它們不和諧的生活風格，以特別清楚的方式，發展出各自心靈生活的特別層面。

第一種類型的人，知識領域支配表現形式。

第二種類型的人，有著豐富的情感生活與本能的生活。

第三種類型的人，大體可以說是順著行動的路線發展。

當然，這三種類型在每一種傾向裡都是同時存在的，不會有一種完全沒有。因此，每個失敗會在保留的震撼效果裡，很清楚地顯示他的生活風格這一面。在罪犯與自殺的案例裡，行動的因素似乎會突顯出來；有些精神官能症情感因素特別重，除非對知識素材有比較強烈的強調，否則大部分發生在強制性的精神官能症（Compulsion Neurosis）與精神病（Psychoses）裡；吸毒者無疑是情感型的。

但是不完成人生任務、逃避責任，對人類社會來說，就是一項負擔，也使得其他人成為被壓榨的對象。因為一個人不肯合作、盡責任，其他的人，包含他的家庭、社區，就必須多做，以補償他所沒有做的。

在這個時候，也就是在對社會的理想進行默默的、自己也不了解的鬥爭；這是一種不停的抗議，它對社會興趣的進一步發展沒有幫助，而且目的正是要破壞它。無論如何，個人優越感和合作總是對抗的。從這裡可以看出，在失敗的案例裡，我們所面對的一些人，他們在合作方面的準備與發展受到阻礙，缺乏適當的眼光，適當的聽、說與判斷的能力。別人有常識，他們有「私人智慧」（**Private Intelligence**），聰明地用它為自己的背離正道辯護，保護自己的做法。

我把寵壞的孩子形容為「寄生蟲」，他們經常要求其他人為他們的需要服務。如果生活風格這樣形成了，那麼可以理解，大部分失敗的人都把其他人的貢獻當作自己的私有物，不論是情感、財產、物質、精神方面的貢獻，也不論社會用什麼有力的辦法、言語來保護自己。它自然應該展露溫和與節制，因為它的永恆任務不是要處罰錯誤、採取報復，而是要解釋、去除錯誤；它的知識，尤有甚者，內心最深處的願望，都會要它如此。可是許多人在社會興趣方面沒有受過訓練，總是會抗議，並反對合作的強制性要求。這在他們看來是無法容忍的，也違背他們的私識，並威脅到他們對個人優越目標的追求。

有關社會興趣力量的部分，很有意思的一點是：每個人都知道程度不同的背離、冒犯是不正確的，就像是每個人都必須對社會興趣表示敬意，甚至那些懷著科學方法的幻想，偶爾極具天分的人，也認為人為培植的、追求個人權力的意志，顯露的不是真面目；他們把它看成一種可惡的原始本能、看成超人之道、太古的虐待衝動，因此，不得不對理想極致中的社會興趣表示崇敬。甚至目標就在眼前的罪犯也必須策畫，為他的行為尋找理由，使他能跨過仍舊把他和反社會行為隔開的界線。

從永恆不變的理想社會興趣的立場看，任何背離都像是一次狡猾的嘗試，目的是要追求個人優越。對大多數這類的人來說，逃避失敗，不願從社會裡體驗失敗，是和優越感連在一起的。因為怕失敗，而和大多數同伴保持距離，這時他們會覺得享受，覺得和人生任務的隔離是一種特權，是負擔的減輕，使得他們比別人強，甚至在受苦的時候。

舉例來說：精神官能症患者受苦的時候，他們仍是十分安全地維持在他們有利的位置上，也就是說，在他們的苦難裡，並不知道受苦的途徑，會如何帶給他們免於人生任務的自由，愈受苦，別人也就愈少麻煩他們，也就愈不曉得人生的真正意義。受苦和被從人生問題中解救出來是不可分割連在一起的。它對許多人來說，只像是自我處罰，他們不懂得把表達的形式看作是整體的一部分，說得更好一點，這是更重要的，看作是對社區提出的問題的一個回答，他們像精神官能症患者一樣，會把精神官能症的痛苦看作是一個獨立體。

諂媚、奴性、依賴他人、懶惰、受虐狂的特質，都是自卑感的明顯跡象，它給人特權感、解脫感，然而要讀者或反對我觀點的人承認這一點是非常困難的。容易了解的是：它們是一種抗議，對主動地、社會地解決人生問題的抗議。也代表在對他們的社會興趣有所需求時，躲避失敗的狡猾嘗試，他們的社會興趣太少了，這從他們的整個生活風格可以明顯看出。他們會把很重的任務移到別人身上，甚至不顧別人的意志，強迫別人接受，被虐狂就是一個例子。

在所有失敗的案例裡，患者所假定的特權位置，都是可以很容易看出來的。為了這個位置，他會不時付出這樣的代價；受苦、抱怨、罪惡感；可是他絕不撤退出來；因為他在社會興趣方面沒有足夠的準備，並在他被問到「在我分配任務時，你在哪裡？」的時候，提供他一個很好的缺席理由。

許多人意識到自己超人的才能與天賦，在他們的儀態、特質與觀念上，似乎可以非常清楚地看到我所形容的「優越情結」。也可以在他們對自己與其他人的誇張要求上顯露出來。有些現象讓我們想到可能找到的「優越情結」，這包括：鄙視、外表的虛榮，優雅或疏忽的表現、衣著古怪、女人男性化、男人女性化、傲慢、洋溢的感情、講派頭、吹牛、獨裁、不停地嘮叨等，我形容此為典型特質的輕視傾向，另外，像不尋常的英雄崇拜、巴結別人與支配弱病矮小者的傾向、強調自己的怪癖、誤用有價值的觀念、看輕其他人的傾向等等也是。

同時，像憤怒這樣的提升情感、復仇的欲望、悲痛、熱情、習慣性的大笑、不注意傾聽、碰到其他人時把眼睛轉開、喜歡把話題轉到自己身上、對瑣碎事情習慣性的激動……即常表示這個人有以「優越情結」為終結的自卑感。

此外，一些因輕信而產生的幻想，相信自己有心電感應或類似的本領，或者先知的靈感，都讓人有理由懷疑「優越情結」的存在。我要警告那些支持社會興趣觀念的人，不要把這個觀念當作優越情結來用，或者隨便把它加在每個人身上。對知道「自卑情結」與掩飾它的上層架構的人，也要發出同樣的警告。

人如果過早地、太隨便地對待「自卑情結」、「優越情結」這兩個觀念，將被人懷疑有這兩個情結，唯一的結果將只是遭人反對。此外，在建立這類的事實時，不要忘掉一點；所有的人都可能犯錯。這表示甚至很有分量、很出色的人，也可能有「優越情結」。

至於巴布斯（Barbusse）表達得非常好的一個事實：「最好心的人甚至也無法從不產生鄙視的感覺」即可證明。另一方面，這些瑣碎、未加修飾的特質，可以讓我們把個體心理學的研究工作，放在有關重大人生問題的錯誤上，因而了解與解釋它。言辭、片語，乃至已經證實的心理機械方面的知識，在個案的了解上無法有任何貢獻。不過，在使用推測的方法時，它們可以照亮那個我們希望在裡面找到患者人格獨特面的明確視域。這個獨特面總是注意到必須的社會興趣分量，在諮商過程中；也必須對患者說明。

如果為了簡短回顧的目的，把人類發展過程中的主要觀念加以簡約，只留下精華部分，最後會發現三條明確的運動路線，它們在不同時期，陸續給所有人類的行動帶來價值。

從遠古時代開始，人類因服從「多子多孫」的律令，使得生產土地變得非常有限，人類創造了泰坦（Titan）、赫克力士（Hercules）、總司令（Imperator）作為理想的救主。

直到今天，仍舊可以在英雄崇拜、好鬥與戰爭、上流社會以及販夫走卒裡，看到過去日子留下的影響，那時走的路仍舊被歌頌為提升人類的最佳途徑。這一武力的崇拜，在沒有足夠的糧食社會下產生，不斷地帶領人去欺壓、消滅弱者。恃強凌弱者喜歡簡單的解決辦法；只要食物太少，就把它歸為己有。他喜歡直接的、明確的處理，只要對他有利。在我們文明的階層裡，這一思考模式是很流行的，女人幾乎完全不允許直接參與這類活動，她們僅僅以生育者、崇拜者、護士的身分在舞台上出現，可是，生存之道已經大大地改進了。這種沒有淡化的權力體系，豈不是已經變得荒謬？

未來世代如何生活？這個問題仍舊存在。一名父親為他的子女省吃儉用，為後世代生產生活用品。如果他為第五世代做準備，那麼他在同時至少也為自己世代的三十二個人的子孫做準備，而這些人又對他的子孫有同樣的要求。

商品可以消滅，也可以變成錢。商品的價值可以以金錢的形式借出，其他人的能力可以買，也可以把人拿來命令、支使。不僅如此，也可以把個性刻印在他們身上，把人生意義灌輸到他們的內在，可以教育他們尊崇權力、金錢，可以把法律加在他們身上，使他們接受力量與財產的指揮。

在此領域，婦女無法做創造性的工作，傳統與教養妨礙到她。她可以仰慕地參與，或者失望地站在一邊。她可以對權力表示臣服，或者像常出現的那樣，保護自己，不因為自己沒有權力而受到傷害，在這裡不要忘記自衛的人在多數情形下，是會走錯路的。

大多數的男人女人都會尊崇權力與財產，女人是被動地仰慕，男人則是有野心地追求。在達到這些文化理想方面，女人比男人離得更遠。

在追求個人優越上，有權力與財產的俗人，現在和有教養的俗人連在一起。知識（也）是權力。到現在為止，普遍來說，對付人生的無常，還沒有比追求權力更好的方法。然而這是保護生命與發展人類的最好與唯一辦法嗎？我想已是反省的時候了。

可是男人和女人都可以很容易看出：女人如果能得到和男人同等的培育，即可以在俗人主義的權力中扮演一個成功的角色。在柏拉圖的思想裡，是比較看重武力權力的，認為它比較優越，這個想法在下意識裡，已失去了它的意義。

最後，我們全都像寄生蟲一樣，靠著藝術家、天才、思想家、研究者、發明家的永恆成就過活。他們是人類的真正領袖；是世界歷史的真正推動者；而我們是配銷者。到目前為止，權力、財產、知識上的傲慢，一直都是男女的分界線。

# 第八章

# 失敗的型態

【第八章】

# 失敗的型態

現在要討論「型態論」，更不得不小心，因為學者會很容易誤解，以為「型」是一種天定的、獨立的東西，以為在很大程度同質的架構之外，還有其他根據。如果人停留在這一階段，甚至在聽到「罪犯」、「焦慮精神官能症」、「精神分裂症」這類名詞時，以為自己對個案已經有了某種了解，那麼他不僅剝奪了自己個案研究的可能性，也永遠無法免除會在他和被治療病人間出現的誤解。也許，和心理生活有關的工作方面的最正確知識，是因為小心使用型態論而獲得的。

毫無疑問地，一個研究者不能完全不用它，它使我們可以做概括性的敘述，及做像普遍診斷那樣的事，可是對於個案的了解與治療，研究能提供的部分卻很少。因為在每一個失敗的案例中，我們所面對的是症候。而這些症候出自一個尚待發現的自卑感，許多外在因素的衝擊，使自卑感發展成為「優越情結」，這個因素所要求的社會興趣分量，是患者從童年以來一直無法提供的。

我們從「麻煩孩子」開始研究，發現只有在一個孩子相當長的時間不肯以平等者的身分與人合作，並扮演應該扮演的角色時，人們才會很自然地談到這一型。其中有社會興趣不夠的問題，我們可以說，這些人在平常的社會興趣可能是足夠的，可是在家庭或者學校有異常壓力時，卻常常證明是不夠的。這種案例常常發生，而這樣的現象整體來說也是大家熟知的。

從這些現象裡，也許更能夠欣賞個體心理學的研究價值。這類研究可以在處理更困難的案件前，提供給我們足夠的準備。把一個人短期和他周圍的環境隔離，對他做實驗性的、筆相學的測試，可能會造成非常糟糕的錯誤，也沒有理由讓我們可以由此對被隔離的人提出任何建議，或者按照一種分類方法把他歸類。

從這樣的事實可以很清楚看出，個體心理學者想要對案例有正確了解，就必須對所有可能的社會情況與委屈有所了解，甚至可以更進一步要求，他要有以人類福利為目標的人生觀，使他在自己任務、人生要求的想法上，都會以人類福利為目的。

我提出了一個問題孩子的分類辦法，證明在許多方面很有用。我把他們分成比較被動型與比較主動型。前者懶惰、不愛工作、服從，可是依賴、膽小、焦慮、不誠實，以及其他類似特性；後者支配人、沒有耐心、易激動、有出現強烈情感的傾向、惹麻煩、殘酷、吹牛、可能逃走、偷竊、性方面很容易激動等等。

在這裡不需要在瑣碎的事上去仔細推敲，但是在每一個具體的案例裡，應該盡可能確定病人的活動量。這是很重要的，因為在一個完全證實的失敗案例裡，可以期待與觀察到，病人在童年期與現在幾乎有著一樣程度的錯誤活動。大體正確的活動程度，即「勇氣」，會在那些具有足夠社會興趣的孩子身上看到。如果想要在病人的氣質、運動的緩慢與迅速上找到這一程度的活動，就絕不可忘記這些表現形式是生活風格的一部分，因此如果病治好了，就會表現出不同方向。

精神官能症患者的童年，被動失敗型的百分比比較大，而在罪犯的童年，主動失敗型的百分比比較大，這是不足為奇的。如果有人在童年期沒有問題，而在以後出現了失敗，我會認為那是因為觀察有瑕疵。當然也有例外，生活環境好，很可能使人看不到童年期失敗的一面，但在以後嚴厲的考驗中卻顯現出來了。

童年期的失敗是屬於醫學心理學的領域，去除掉被虐待的案例，幾乎完全發生在不同活動程度的、被溺愛的、依賴的孩子身上。這些失敗包括：尿床、進食不專心、夜晚尖叫、喘氣、經常咳嗽、亂拉糞便、口吃等等。這些症狀是孩子對激勵他獨立與合作的一種抗議現象，也是尋求其他人的支持。稚氣的手淫，儘管已經被發現了，仍會持續很長一段期間，而此也是缺乏社會興趣的一個標誌。只處理症狀，而不把毛病除掉是不夠的。所以唯有提高社會興趣，才能期待具保證的成功。

如果說，精神官能症趨向，也就是說強烈強調的「是的」，加上一個更加強烈強調的「但是」，已經可以在比較被動的錯誤與毛病裡看到，那麼，從人生問題的撤退，在「優越情結」沒有明顯強化中的精神官能症裡，就可以更加清楚地看到這一層。

孩子總是非常鎮靜地躲在第一線後面，並會有這類現象：不肯與人合作、保持距離、渴求解脫，並為自己的失敗尋找藉口。長久存在的失望感、害怕有新的失望和失敗，以保持被震撼的症狀形式出現。症狀給病人有藉口，可以逃避人生問題。有的時候，這是在強迫性神經症（Compulsion Neurosis）中常見的，病人甚至會發出一些聲音，以顯示他對其他人的不悅。在迫害狂的病症中，病人的人生敵意感可以更加清楚地看出，他們會和生活問題保持距離，而這種敵意所展露的方式，目前沒人留意到。

輔導人士在見過一定數量的個案之後，會發現失敗者往往擁有強烈的自卑感，渴望追求個人優越的奮鬥，以及有瑕疵的社會興趣。自殺，是一種從人生問題的完全撤退。在自殺者的心理結構裡，有活動這一意念，但是絕對沒有勇氣，他的行為只是對他所不願接受的事的一種積極抗議。他傷害自己，同時也傷害到其他人。在社會興趣的過程中，自殺常被拿來做為無聲的抗議，造成這樣的外在因素，正是我們所謂的人生三大問題：社會，工作與愛情。

在我接觸的案例裡，常常都是因為缺乏感謝，而導致死亡的期盼與自殺，也就是說，因為在人生三大問題上體驗到失敗。在這之前，還有一個階段——沮喪或憂鬱症。

在一九二一年，我已經完成對這一心理疾病的調查。我證實，每個真正的憂鬱症狀態，例如自殺或是威脅自殺，都是對其他人的敵意攻擊，都是缺乏社會興趣所造成的。

個體心理學的這一貢獻，有助於我們對這種精神病的了解。它就像自殺一樣，很不幸的是，它常常會演變成為自殺，是因為絕望的行為，取代了社會化的發展。財產或者處境的喪失，愛情的失望，各種的挫折，都會依照患者的運動法則，而造成這樣形式的絕望行為，讓他不怕犧牲自己以及和他有關係的人，甚至是其他人。在心理方面敏感的人一定會注意到，他所面對的人，對人生有過多的期待，因此也比其他的人容易失望。從他們的生活風格判斷，可以正確預期的是：從這些人的童年發現到，有長期沮喪以及傷害自己，只為反抗他人的情況。

最近的一些研究也已經證實，震撼的效果，會在他們的身上更為明顯，也會帶來身體方面的變化，這些變化可能是因為自律與內分泌系統造成的。大多數的案例可以顯示，如果有先天性缺陷的人，常因為童年時期的驕縱，形成他特殊的生活風格，因而妨礙社會興趣的發展。這樣的孩子常常顯示下面的傾向：常有意無意地發脾氣，想要掌控身邊所有的事，像是要向別人展示他的尊嚴。

有位十七歲的少年，是家裡最小的孩子，受到母親過度的溺愛。當母親出去旅行，不得不把他交給他的姊姊照顧。結果一天晚上，當他獨自在他姊姊房裡時自殺了，當時他正碰到一些學校裡無法解決的困難。他留下這樣的一封信：「不要告訴母親我所做的事。她現在的地址是……在她回來時，告訴她，我覺得人生十分乏味，要她每天把花放在我的墳上。」

一個得了不治之症的老婦人自殺了，因為她的鄰居不肯關掉他的收音機。

一個億萬富翁的司機，在他主人死時得知，他不會得到老闆允諾給他的遺產，於是把他妻子與女兒殺了，然後自殺。

一名五十六歲的婦人，從小就被溺愛，結婚後，先生也很溺愛她，並且在社會上很有地位，當在她先生去世時，她感受最深刻的痛苦。她的小孩都已結婚了，也不太願意照顧母親。在一次車禍中，她的大腿撞斷了，即使在復原之後，她仍舊和社會保持著距離。她突然有環遊世界的念頭，認為那樣可以帶給她一些溫暖，那是在家裡所沒有的。有兩個朋友願意和她一起去，但旅遊到某個城市時，她們和她分道揚鑣了，因為她不願意走動。她變得非常沮喪，得了憂鬱症，只好要她的孩子去接她回來，結果一個女兒去把她帶回家。

我在看到這位女士時，她已經病了三年，而且沒有改善的跡象。她抱怨她的疾病造成子女的困擾。家裡的人輪流去看她，但是因為她長期臥病，對她也就沒有特別關注。病人經常說她想自殺，也一直說家裡的人花太多心力在她身上。很明顯地，她的確比在病前得到更多關注，她對子女關注的感謝不是她真正的感覺，而且和她——一個被驕縱慣了的女人——所期待的關愛也是相矛盾的。如果從她的立場去思考，就不難了解，要她不在乎子女們的關注會是多麼困難的事，她可是付了很大的代價——疾病換來的。

還有一種活動形式，不是對自己，而是對其他人的。他會認為別人都是自己的工具，而且以威脅別人的財產、福利、工作、健康和生命，來表達自己的想法。他們會期待自己的欲望得到立刻的滿足，認為自己是有理的，在這樣的態度下，他會一直存在著別人對他懷有敵意的感覺。

而一旦人際關係的失敗，在學校、社會，或者愛情上變得明顯時，自卑情結就會經常出現。走上犯罪一途的人，有百分之四十是在學校或社會中失敗的人。多數被人拋棄的罪犯患有性病，這也顯示他們對於愛情問題的解決有瑕疵。他們選擇和相同特質的人來往，也就顯示他們在友誼情感上的限制。他們的優越情結來自比受害者優越的信心，以及如果正確執行了計畫，就可以不理會法律與司法的信心。

事實上，很多罪犯一直都沒有被發現，而所犯的罪比司法單位能夠證實的還要多得多。罪犯一直犯案下去，是因為認為，如果他按照計畫進行，就永遠不會被抓。如果他被判罪了，他絕對相信，只是因為忽略了一個小細節，才會被發現。

如果從童年期去找尋這種罪犯的傾向，那除了被誤用的早熟活動，及其不友善的特色與社會興趣的缺乏之外，我們發現，器官的缺陷、驕縱與忽視，是誤導人形成罪犯生活風格的幾個原因，也許驕縱是最主要的原因。我們永遠不能排除改善生活風格的可能性，因此在每個個案裡，都必須查問社會興趣的程度，以及考慮外在因素的嚴重性。沒有人會像驕縱的孩子那樣容易受到誘惑，他一直都在接受訓練，要他去取得一切想要的東西。對誘惑的強度，一定要有正確的認識，對於有犯罪傾向的人說，這更可能為他帶來災難，因為他有更大的活動量供他使用。

此外，在分析罪犯心理的案例裡，也必須先掌握到罪犯個人與社會環境之間的關係。在從許多案例裡可看出，如果某人犯罪的動機不是太強烈，就說明他本身可能有足夠的社會興趣，如果不是外在環境逼人太甚，他就不太會去犯罪。這也是為什麼在環境不好時，犯罪的人數會顯著增加。但是環境不好並不是犯罪的主因，在美國經濟景氣時，犯罪的人數會增加，因為有很多迅速致富的捷徑，也就顯示了這一點。

無疑地，在找尋罪犯傾向的原因時，我們會看到不利的生活環境這一項，也會在大城市的某些區域裡看到很多罪犯，但是那絕不能讓我們有理由說，不利的環境是犯罪的原因。比較明顯的是，在這樣的環境裡，很難期待社會興趣會得到適當的發展。此外，孩子很小的年紀就在被人剝奪與貧窮的環境裡長大，他會產生心理的不平衡，同時社會興趣的發展又沒有受到照顧，在這種情形下，他對未來生活的準備方面是很有問題的。

楊博士對於移民幫派犯罪成長的調查，是很具有代表性的，也是個很好的範例。第一代移民者由於貧窮的生活，與外界很少接觸，但是沒有罪犯的產生。到了第二代，孩子們已經上公立學校，但仍是在幫派的傳統裡，在貧窮與虔誠中長大，已經有了相當多的罪犯。到第三代，罪犯數字增加到讓人害怕的程度。「天生的罪犯」已經是一個被拋棄的觀念，這樣的錯誤想法，或者犯罪來自罪惡感的觀念，只有那些不相信我們觀點的人才會這樣認為。這些觀點，一再要我們注意童年期的強烈自卑感，優越情結的形成與社會興趣的缺乏。

許多器官有缺陷的跡象，可以在罪犯中找到，在犯罪的徵狀裡，也可以看到明顯的新陳代謝變化，這可能表示是身體在尋求平衡方面，碰上了很大的困難。大多數的罪犯都被溺愛過，或希望被溺愛，這裡面包括童年時被忽視的一群。這些事實將可以說服許多人，器官的缺陷常常可以在一些罪犯的醜陋相貌中看出。當然在罪犯裡也有長得很不錯的人，溺愛的想法因此經常得到證實。

甲就是一個長得不錯的傢伙，在羈押六個月之後被保釋了。他從上司的保險箱裡，偷了一筆數目不少的錢。他被警告，如果再犯，就不得再假釋；儘管這樣，過沒多久，他又偷了一筆小錢。在這件事之前，他被送到我這裡來就醫。他其實來自一個很受尊敬的家庭，在家裡是長子，母親溺愛他，把他當成心肝寶貝。他野心勃勃，想控制所有事情，只和上流社會的人交朋友，事實上，顯示了他有強烈的自卑感。在他最初的童年記憶裡，他總是被給予。

在第一次偷錢時，是因為他看到周遭有許多有錢人，而當時他的父親失業了，家裡生計出現問題。他常會夢到自己在飛行，而自己是個人見人愛的英雄，這也顯示他有野心要奮鬥，以及認為自己一定會成功。他第一次偷錢，是在一個充滿誘惑的環境下開始的，當時他心裡只想要讓自己比父親更有成就。第二次偷的錢較少，其實是對他的保釋期，以及現在受人管控的情況的一種抗議。在監獄時，他有一次夢見別人專程送來他最愛吃的菜，可是同時又想起在監獄裡根本是不可能的。由這個夢看來，除了貪心之外，也可以感覺到他對刑期的抗議。

一般說來，吸毒者的社會活動會比較少。環境的因素，缺乏正確的指導，因為生病會用到嗎啡、古柯鹼這類東西，或是因為在醫療行業工作，都會讓他有機會走上吸毒之途。但只有在患者面對無法解決的問題時，這些機會才會有嚴重後果。我曾經指出，人如果一直很渴望一種飲料，裡面的某種特殊成分會是一個原因。

如果說一個人真的對酒精缺乏興趣，那麼要他滴酒不沾，就會比較容易達成。研究發現，人在渴望開始的時候，會被自卑感影響，如果沒有已經發展的優越情結的話，早期可以明顯看出以下情況：怕羞、喜歡獨處、過度敏感、沒有耐心、暴躁，以及像焦慮、沮喪、性不滿足感這類的神經性症狀。

另外，渴望在開始時，也可以被優越情結所影響，會表現出吹牛、惡毒的批判傾向、渴望權力等特質。有強烈菸癮以及對黑咖啡的強烈渴求，經常是一個膽小，沒有決心的標誌。因為這些成癮者，可以將自己的社會關係、工作和愛情方面的問題，都歸咎到這些無法克服的罪惡上去。

此外，毒品的立即效果也常給予受害者被解救的感覺。一個二十六歲的男人，比姊姊小八歲，在優渥的環境下長大，被母親過分溺愛，非常任性。他記得自己常被打扮成洋娃娃的樣子，抱在母親或姊姊的懷裡。四歲時，他有幾天住在祖母家，祖母才說幾句不順從他的話，他就收拾東西打算回家。他的父親酗酒，令他母親很不快樂，不過他在學校裡，因為父母有權有勢的關係，讓學校老師也對他百依百順。

隨著年歲增長，母親對他的溺愛也逐漸減少，因此他就自己搬了出去，如同他在四歲時的行為。他和許多被溺愛的孩子一樣，不大會和陌生人相處，不管是和人在商場上打交道，或是和異性相處，都會陷入沮喪與緊張的焦慮狀態。他和另外一群愛喝酒的人處得比較好，而且常常酒醉鬧事。他母親知道後，好言相勸，但他不但不聽，還變本加厲，結果從母親那裡得到比過去更多的照顧與溺愛。

一名二十四歲的學生經常抱怨頭痛。在他還在念書時，就有嚴重的神經性廣場恐懼症。期末考時，學校特准他在家裡考試，此後他的情況有了很大的改善。大一時，他愛上一個女孩，並且和她結了婚，過沒多久，頭痛的毛病又犯了。他是個極有野心的人，也是個被極度溺愛的人。頭痛是因為嫉妒妻子，而且經常對她不滿，這可以在他的態度與夢裡發覺，雖然他自己根本不知道。

有一次，他夢見妻子一身獵裝打扮，像是要出去打獵。他在孩童時候得過軟骨病，那時他總是希望有人陪在身邊，並注意他。他在家排行老二，常和哥哥吵架，什麼事情都想搶第一。在找工作時，因為運氣好，找到一個不錯的工作。從知識的角度來說，的確他夠資格，但從內心來說，他還不夠格。

可以預料到，他到時一定會有麻煩，結果他迷上了嗎啡，變得無法控制自己。後來，他的嫉妒心又發作了，讓他的處境更加困難，他總是覺得自己的地位不保，最後終於走上自殺一途。

# 第九章

# 嬌生慣養者的非真實世界

# 【第九章】嬌生慣養者的非真實世界

大家一向對嬌生慣養者的印象不好。父母不喜歡被人說溺愛，被溺愛的人自己也不願意被人看成這樣。我們會一再懷疑使用「溺愛」這兩個字的意思，但一般人的確會直覺認為它是一個負擔，妨礙正常成長。

雖然如此，每個人都喜歡被寵愛，更有相當多的人非常喜歡受到別人的愛撫。許多母親除了溺愛孩子之外，其他什麼也不會做。還好，許多孩子會大力抵抗，不肯接受這樣的待遇，不然，可能會造成更大的影響。

這個問題如果只用心理學的層面來思考，是很難解決的，絕對不能單純以某種理論，並以此為準，想要藉此來發現人格的基本架構，以及個性與特質的解釋。既然如此，還不如以多面向的觀察，去發覺無數的變種與微細的不同處；人們總是想去證實自己認為已發現的，再把它拿來和跟它平行的事實比較。因為在孩子對溺愛採取反對立場時，通常會把他的立場轉移到其他的情況裡，而在那種情況下，期待外在世界的友好幫助是很合理的。

如果溺愛的現象是發生在較年長的成人身上，負面的影響比較小；在這類案例裡常發生，如果溺愛嚴重到人的自由意志被壓垮的地步，被溺愛者有時就會對溺愛感到厭惡，但是這不會改變他在童年建立的生活風格。

個體心理學表示，要了解人，唯有研究他在解決人生問題方面所做的努力及行為，同時他的行為模式與理由必須被觀察。人的生命在開始時，都有潛能與發展的可能性，而且人人都不同，只有他的行動才能給我們判斷這些區別的標準。在他的生命開始時，所能夠發現到的一切，是從出生那天開始，就已經受到外在環境的強烈影響。遺傳與環境，兩者的影響成了孩子的所有，他利用它來尋找自己的發展途徑。但是如果沒有方向與目標，他就不會想要向前發展，因為人的靈魂目標是征服、完美、全能、優越。

孩子，在面對在自己身上發生的那些有關身心方面的問題時，或多或少會去依靠自己的創造力，以及預知推測的能力。那些未經他的言語與觀念表達出來的對人生的解釋，是他人生態度的基礎，也是他自己的作品。於是孩子獲得屬於他自己的行為法則，而法則又幫助他，在一定程度的訓練後，形成他的生活風格。因此，我們可以根據生活風格，觀察一個人一輩子的思想、感覺、與行動。這種普遍的生活風格，基本上是在孩子處於一個安全或被關愛的環境中所發展出來的。而在家庭之外的世界裡，要別人無私地幫助你，真是一大考驗；生存的條件永遠在變動，那樣的生活風格，的確不適合接受這樣的考驗。

現在的問題是：什麼才是人生的正確態度？對人生的問題可以期待什麼樣的解決方案呢？個體心理學正在盡最大的努力來回答這些問題，沒有人能夠知道絕對的真理，放諸四海皆可用的具體解決方案，應該在各方面都是正面的。思想，情感，行動，只有在永恆之光（Sub Specie Aeternitatis）的判斷下是正確的，才能說是正確的。其次，社區的福利必須被包括在裡面。這對於傳統以及新出現的問題都適用，可以用在次要問題，也可以用在重要問題。每個人都必須以他自己的方式來解決人生三大問題：社會，工作，愛情。只有那些願意為社會奮鬥的人，才能以最正確的方式處理它。在一個新問題浮現時，會產生懷疑與不確定性；但是如果願意與別人合作，就能預防明顯的錯誤發生。

在調查的過程中，如果找到了個別的案例，我們仍有責任找出它的獨特性，這樣的方式同樣適用於被溺愛的孩子。我們都必須找出案例特殊的一面，不論面對的是麻煩的孩子，神經緊張的人或瘋子、殺人犯、犯罪者、吸毒者及性變態。他們都有一個相同的毛病：缺乏社會興趣，而且起源可以追溯到童年被溺愛，或者對溺愛與解脫的過分渴求。

只有在對一個人面對人生問題時所採取的行動，有正確的了解之後，才能發現他的主動行為模式；如果他是缺少行動，就必須對缺少行動的原因，有正確的了解。擁有心理學家（Possession Psychologist）把所有失敗症狀的起源，都歸因為遺傳，一個不明確的模糊領域，或者周圍世界的影響。這樣的做法對個案在治療上不會有什麼重要的幫助，大部分的人都認為這種做法不是很適當。事實上，孩子接受外在的影響，吸收它，並且回應它，而在這些過程之中，他有絕對程度的選擇自由。

假設社會興趣可以在每個人的身上發展、成長，那麼它的根源是什麼？在尋找答案的過程中，我們會立刻想到母親這個重要角色，她是第一個也是最重要的領航者，因為，上帝賦予她這個重要位置。母子關係是一種親密的合作關係（生命與工作的伴侶），彼此都會有所得，並不是像許多人所認為的那樣，是孩子單方面的壓榨及利用母親。如果家中其他角色，將孩子訓練成為平等的工作夥伴，而非對抗社會的人，這樣會讓原生母子間的合作，能得到更進一步的發展。孩子對其他人的信賴感及夥伴關係印象愈深刻，也就愈會願意參與共同的生活，進而主動與人合作。他會願意付出一切，為共同的目標打拚。

另一方面，如果母親過分溺愛，不管是在舉止，思想，行動，甚至語言上，對孩子來說，都會造成不良影響，而且孩子就會順理成章地發展成為寄生者（或稱為壓榨者），只希望從別人身上得到一切自己要的。此外，他會努力讓自己成為每個場合的焦點人物或主角，讓大家把注意力集中在他身上或順從他，他會顯示出自我中心的傾向，認為自己有權壓制其他人，或是有權力被大家所縱容，也就是說，只會接受不會付出。然而，這種偏差的、以自我為中心的行為，只需要持續幾年，就可以讓他的社會興趣消失殆盡，從此無法與任何人合作或共事。

這樣的人，有時候只想依賴其他人，有時候又渴望壓制別人，但他們很快就會遭到那個要求合作與夥伴關係的世界反對，這種反對是他們所沒有辦法克服的。於是，之前所有的幻覺（優越感）就此破滅，他們開始不停地責備別人，因為他們永遠只看到人生充滿敵意的一面，他們所問的問題都是悲觀的，他們會問：「人生有任何意義嗎？」、「為什麼要愛我身邊的人？」如果他願意接受一個社會化的合理要求（例如強調合作或是為他人服務），那也只是因為他害怕如果不接受，會被眾人排斥或處罰。

在社會、工作與愛情的問題上，他們無法感受到社會興趣，並感到身心受到嚴重打擊。當他們意識到某件事可能會失敗時，就會立刻撤退，同持也習慣性展現出幼稚的態度來對抗現實世界，也就是說，他打從心底認為自己受了委屈，都是別人的錯，只有他是受害者。

我們現在終於可以了解，所有典型人格不但不是天生的，而且，尤其重要的，還完全是由生活風格決定的，也是孩子創造性活動的副產品。被溺愛的孩子，就比較容易被誤導，變得自憐自艾，而發展出很強烈的自私、羨慕、嫉妒，雖然強度各自不同。他們像是生活在一個四面楚歌的敵營中，會表現出對任何事都很敏感，沒有耐心，無法堅持，容易感情用事或貪心等性格行為，也就是所謂的「退化傾向」。

被溺愛者的特性，打個比方，在安逸的環境時不易被發現，但在惡劣環境中，社會興趣的強弱受到考驗時，他們的死穴就會很容易被發現。因為在這種狀況裡，他會開始猶豫不決，或是未碰到問題就開始逃避，並且會用許多不切實際的理由，來說明自己為什麼保持距離。這可以證明，他在行動時，並不謹慎與精明，也常更換社交圈子，更難完成一件事。有時這種人在做任何事情的時候，會急忙趕著向前，專家只要一眼就可以看出，他們是多麼缺乏自信，而且只有三分鐘熱度。

而另外一部分人，他們寧願退到自己的陰暗角落裡，藉以避開所有問題，或者只解決部分問題，如此一來，就大大限制了自己的行動領域。在一個已經限定範圍的環境下活動，根本不能稱之為「勇氣」，但他們一旦加入一個具有競爭及規範的狀態時，會容易走偏路，變成一群對社會有害的人。

要每個人去認同或了解一個極端被溺愛者的生命，是件很不容易的事。你必須像一個好演員去掌控這個角色，你必須進入他所存在的領域裡，並了解如何使自己成為中心人物，如何銳利地留意所有這類狀況。你不能以平等工作夥伴的身分去和人相處，而必須以期待一切，什麼也不貢獻的心理狀況去思考。要了解這種人不是在受理性的引導，而是設法利用別人的合作成果——他們的友誼、勞力與愛。要了解他們如何只關心自己的福利，使自己不必去奮鬥，如何只在乎用損害別人的方式，來減輕自己的負擔。

心理正常的孩子，會發展出勇氣，還有在任何地方都能正確推理的能力，以及主動調適的能力。而驕縱的孩子，這些特質一樣都沒有；他有的只是懦弱與狡猾。同時，他的發展途徑特別容易受到限制，結果會令他看來總是在犯同樣的錯誤。暴虐的孩子總是顯得暴虐，扒手總是繼續做扒手，焦慮型的精神官能症患者（**The Anxiety Neurotic**），總是會焦慮地回應所有的人生任務，吸毒者會繼續吸毒，性變態者不會顯露放棄變態的傾向。他們把其他活動都去除了，人生的路變得很狹窄，這裡可以再次輕易見到他們的懦弱，缺乏自信，自卑情結，與關閉的傾向。

被驕縱者的夢幻世界，他們的展望、意義與對人生的了解，和真實世界有著巨大的差異。他們適應人類進化的能力或多或少被扼殺了，這令他們不斷與人生相衝突，令其他人受到傷害。在童年時期，可以在過於活躍與被動的孩子中找到這些人；在他們長大之後，則可以在罪犯、自殺者、精神官能症患者和吸毒者中找到。他們對大部分的事情都感到不滿意，十分嫉妒別人的成功，自己卻又不肯努力。並且總是害怕失敗，害怕被人發現自己一文不值，總是在從人生的任務中撤退，而且也總是會振振有詞地為自己的撤退辯護。

但是，也不要忽視一點：他們之中也有許多人在人生中是成功的，就是那些從錯誤中學到教訓的人。

患者必須要有自覺，並慢慢相信自己在生活風格的塑造方面是失敗的，只有這樣，治療與轉變才能成功。我們相信，預防比治療容易；家庭，特別是母親，必須了解愛不應該變成驕縱。在這方面，也許可以把期盼放在一群受過心理學訓練的老師身上，因為他們已經學會認識與改正這些錯誤。到時，我們會比現在更加清楚了解，驕縱孩子的事實與後果，這是我們所犯過的最大錯誤了。

個體心理學證明，每個人對人生的想法，取決於他的生活風格，這些想法更是這一風格的一部分。這個看法，哲學家與心理學家在內在世界的解釋上有很大不同，不過很明顯地，他們都從自己的觀點來看心靈（Mind）與精神（Psyche）。

因此，一個人生想法和那些驕縱孩子想法類似的作者必定會認為，一切麻煩都是因為個人沒有辦法「取得」他想要的。所有的失敗、精神官能症、精神症、犯罪、自殺、變態等行為，都是因為牽涉其中的人抑制了自己的希望，他會認為這個道理是理所當然的。這些人也會發現，真實的世界是一直懷抱著敵意，並且注定要滅亡。要他們對社會產生興趣，在他們看來是一個神祕的教條，是幻覺與恐懼把它強加在人身上的。「像愛你自己般愛你身邊的人」，在他們看來是十分荒謬的。可是個人與母親——溺愛者的關係，是他們認為最重要的，而對其他意見相左的觀點，會機械性地不加理睬。

害怕喪失立場或被批評的作者，認為只有那些可以在實驗室裡被物質化證實的事實，可以被記錄及約簡為數字的事實，才是最重要的。數學的規則帶給他們保護感，如果沒有這類符號，他們就會覺得很沒有安全感。的確，數學給人很大的安全感，並支撐了許多人。可是在研究心靈與精神時，我們發現它是進化的產物，而且延伸了幾百萬年的時間，它像是神蹟一樣地作用著，我們所能發現的，只是它在面對外在問題時的運作方式。還必須記得一點，身體與它所繼承的特質只不過是大環境的一部分。

那麼個體心理學呢？不是也有自己對人生的特殊看法嗎？不是在個人對外在問題的行為上。也有特定的觀點嗎？不錯。但是，首先我們已經努力證明過，我們對人生的看法比其他心理學家更具客觀性。其次，我們要明白，我們的人生哲學會使我們有接受或感染某些東西的傾向，而其他人不知道他們總是找到自己原來就已經知道的事。因此，個體心理學更能保持距離與自制。

最後，個體心理學有另外一個極為重要的好處。個體心理學者了解到人格是一個統一體，因此他無法不看到對人生某一方面的錯誤想法，也會在其他方面有所重複，一個犯錯的人對社會缺乏興趣，那麼在他所有的表現形式裡，都會看到這一特色。

心理學家要決定任何表現的意義，一定要從它與社會的關係裡去看，不然就得不到任何意義。

# 第十章

# 精神官能症的性質

【第十章】

# 精神官能症的性質

精神官能症（Neurosis）的真正性質是什麼？這個問題應該得到一個清楚而直接的回答。要是你年復一年地在思考這問題，最終一定會了解這一點。如果去尋找一些文獻，會發現許多意義不同的定義，結果反而一片混亂，最後可能找不到一個一致的看法。

任何問題，如果有不確定的地方，就會出現許多不同的說法，這種情形也在精神官能症的問題上發生了。

精神官能症是什麼？你可以看到許多種定義。精神官能症是容易被激怒，是軟弱，是內分泌腺疾病，是因為牙和鼻受到傳染，是生殖器官的疾病，是神經系統軟弱，荷爾蒙或尿酸感染的結果，出生時創傷造成的結果，與外在世界相衝突的結果，與宗教衝突的結果，與倫理衝突的結果，惡毒的下意識與傾向於妥協意識相衝突的結果，是性的、虐待的、罪犯的衝動受到壓制的結果，城市的吵鬧與危險造成的結果，放縱或嚴格教養，尤其是家庭教養的結果，某些制約反射的結果。

以上都是別人對精神官能症的特質之定義。

在這些觀點裡，有很多是有價值的，可以用來解釋構成精神官能症的一些重要的現象。但是這些現象有一大部分，也常可以在非精神官能症者的案例中找到，只有少數觀點能真正說明什麼是精神官能症。

患精神官能症的人很多，但只有小部分的患者會接受治療，大部分都是終生患病，痛苦一生。而現在非專業人士對這一題目，也有極大的興趣，這令我們希望能提早對這個疾病有進一步的了解及科學的闡釋。

而人們也明白，要了解與治療這種疾病，需要很多的醫學知識。此外，要明白一點：精神官能症的預防，是可能且必須的，但是先要對造成它的傷害有更清楚的了解，才能進一步預防。預防這個疾病與了解病因，是屬於醫學的領域，可是家人、老師、教育學者，以及其他相關人士的幫忙是不可缺少的。因此，的確是應該把有關精神官能症的特性與起源，廣為傳播才是。

有些存在已久的錯誤觀點，實在是應該澈底予以否決。例如有些人把精神官能症看成為意識與下意識之間的衝突，就是不正確的觀點。這個觀點事實上是沒有意義的，因為支持此觀點的作者最後了解，如果沒有衝突，那就什麼事情都不會發生，這樣的結果，對精神官能症性質的了解，一點幫助也沒有。

還有人認為，那些器官的病變，主要是因為發生化學變化而造成的，這些推崇科學觀點的人，對於這個病症的了解也沒有什麼幫助。他們會發現這樣的研究方式，對問題的解決很難有什麼貢獻，因為我們不能對化學變化做出什麼評論。

其他流行的定義，也不能告訴我們什麼新觀念。易怒、疑心、怕羞等，簡言之，任何帶有負面性質，帶有對人生的不適感，似乎充滿情緒的行為表現，都會被看成為神經狀態（The Nervous State）。許多人都同意，神經狀態和深刻情緒的人生連在一起，許多年前，在我開始形容我們所了解的神經性格（The Nervous Character）時，我指出了神經（The Nervous Person）的過度敏感性。這一特性可以很容易地在每個患者身上找到，雖然在一些例外的案例裡，可能很難發現，因為它是隱藏的，不過深入調查後顯示，這些人是十分敏感的，研究指出，只要他和世上其他人過著一樣的平凡生活，就能令他感到自在。由此可見，誇張的敏感是自卑感的表現。這樣就能自然地看出患者的其他特性，例如沒有耐心。

同樣地，人如果具有安全感和自信，而且對人生問題沒有過多的疑惑，就不會有這樣的問題了。如果不去除過敏與沒有耐性這兩項特性，就可以了解有人是生活在深刻的情緒狀態中。如果你明白，不安全感會引起求取安寧與安全狀態的激烈鬥爭，也就可以體認到，為什麼精神官能症的患者，在他追求優越與完美的過程中，會被鼓勵向前，也就可以了解，這樣的奮鬥，會帶著它追求高人一等的含義，會以野心的形式出現——一個只關心自己的野心。在一個處於困境的人的案例中，這是不難理解的。

有的時候，這種想要高人一等的狂熱追求，也會以其他形式存在，例如：貪心、貪欲、羡慕、嫉妒這些東西，雖然它們是被普遍譴責的。

到目前為止，還沒有正式談到神經狀態的性質、其出現的方式，或者形成的因素。話雖如此，為考慮到患者有缺陷的勇氣，以及他對人生任務的遲疑態度，我們能夠指出，在碰到人生問題之前，他的生命過程幾乎很少有機會能表現。毫無疑問地，這一貧乏活動量的根源，可以追溯到童年時期。作為個體心理學派的學者，我們對這一點也不感到驚奇，因為人生樣式（Life Pattern）在童年初期就已經發展出來了，而且只有在以下的情形之中，才有可能改變——當事人了解自己發展中的錯誤，而且在有能力以人類整體福利為著眼點的情形下，再次與其他人接觸。

也許我們可以假定在錯誤的活動量上，比一般人要多的孩子，如果在長大之後變成了一個失敗者，也絕不會變成一個神經題材（Nervous Subject）。他的失敗會採取另外一個形式，他將會變成罪犯、自殺者，或是酒鬼。他們有可能成為最糟的「麻煩」孩子，但是絕不會發展出精神官能症患者的特性。我可以確信的是，在神經題材的案例裡，其行動半徑無法到很遠的距離，這比一般人的限制要大得多。在其他案例中，較大活動量的根源是什麼？這點對我們來說很重要，如果能證明可能發展或限制孩子的行動半徑，並且了解在錯誤的教育裡，如何把半徑減少到最小限度，那麼也就可以了解遺傳的問題，是否會影響我們。

我們看到的一切，乃是孩子創造力的結果。身體的狀況及對外在世界的印象，是孩子用來建構自己人格的材料。在神經系統方面的疾病，這些症狀幾乎都是經常出現的，可以歸類為某些器官方面的毛病，以及心理的震撼，例如：焦慮、強制性的思想、沮喪的徵兆（這似乎有特殊意義）、神經性的頭痛、強制性的臉紅與清洗，以及類似的心理表現形式。這樣的症狀會延續很久，如果不鑽牛角尖，願意承認它們的發展是有某種意義的，這樣的精神官能症狀（Nervous Symptoms）的特性就似乎得到印證：孩子對外在的不適應做出回應，所引起的這些症狀。

我們做了廣泛的調查，想要發現解決問題的困難點到底是什麼，而個體心理學建立了這一事實：人一定要達到某種程度的社會化，才能去解決各種層面的問題。孩子必須在還小的時候，就開始做這種準備，因為只有在這種情形下，以後才可能增加社會化。在我們說明這些問題時，總會造成某些震撼。那樣的震撼可以有許多種類，有些時候，它可以是一個社會問題，例如在友誼方面的失望。有誰從來沒有碰過，從來沒有因此受到過震撼？可是震撼並非疾病的徵狀，只有當它發展成一種長期的情況時才是。

如果他開始疑神疑鬼，不太和別人太過親密，而且身體上會產生一些症狀，例如：害羞，困窘，脈搏加速，冒汗，腸胃病，尿急等等，讓他無法和別人有近距離的接觸。這是一個明顯的情況，它告訴我們，這個人在與其他人的接觸感方面，發展得不夠。而我們現在更加接近問題了，可以進一步對神經狀態做一些說明。

舉例來說，當一個人開公司虧了錢，受到打擊，這時他還沒有成為一個神經題材。如果他一直留在那種心境中，除了震撼之外，沒有其他感覺，在這樣的情況下，他就成為神經題材。

一名三十五歲的律師，抱怨工作令他神經緊張，他也經常頭痛及背痛、腹部也會莫名的疼痛，有時精神渙散，常常容易感到疲勞。此外，他十分易怒，很難控制情緒，也很怕和陌生人交談。只有在家裡，和父母親友相處時，會自在一些，雖然不是完全自在。而他也不停告訴自己，就是這些病痛，令他的人生無法順遂。

醫院檢查顯示，他有脊椎側彎的問題，但其他都正常。這個毛病，加上他的肌肉僵硬（因為過度沮喪的結果），可以說明他為何會常全身痠痛；而容易疲倦，主要是因為他靜不下來。不過，像是精神渙散這種徵狀，的確是因為心理狀態的影響。而腹部的毛病，在這個案例之中，是比較難以解釋的，不過也可解說成是器官對心理煩躁的反應。有許多事實可以支持這一觀點，小孩子在精神過於緊張時，也常常會有拉肚子之類的情況，這並非身體器官有什麼問題，主要是心理層面造成的影響。

一個很小的抱怨，可以幫助我們更加清楚了解病人的生活環境。他靜不下來，這證明他並沒有放棄對「成功」的努力，他表示，甚至在家裡也不一定感到舒服。這證實了同一個結論——他擔心碰到陌生人，怕和世界有所接觸，他的焦慮甚至在家裡也很難完全解脫。而常暈眩的問題，使我們可以略微了解精神官能症的運作情形。他表示，他根本是無意識的，在和陌生人見面時，就會變得激動起來，然後就感到暈眩了。他根本不知道自己為何激動，為何暈眩？

病人在重要的三大人生問題上，顯然沒有準備。他在碰到這些問題時所感受到的激動，不僅影響到他的身體，造成器官功能的改變，並且影響到他的精神狀態。他可能在以前有過不好的經驗，所以在碰到「外在因素」時會害怕、退縮。他感受到永久失敗的威脅，作為一個被放縱的孩子，他發覺自己建造的個人優越目標，以及不想和人打交道的情況被破壞了，便認定失敗會一直跟隨著他。在這種因為擔心最終的失敗到來所引起的高度強化的情勢下，心理和生理相互影響，病症就由此產生了。

現在要對精神官能症做完全解釋，個體心理學幫了許多忙，協助我們了解：

（一）在解決人生的問題方面，人可以有很好的準備，也可以非常缺乏準備。

（二）在好與不好的兩極之間，可以有成千不同的變種。

（三）外在因素揭露的是，不能解決人生問題的感覺，進而造成身心的多重振動。

個體心理學也指出，無法充足準備面對人生問題，起源於最早期的童年，經驗與情感都很難改正。此外，它也發現，社會興趣是人生風格裡的整合因素，如果所有人生問題都要得到解決，必須以具決定性的姿態存在。我把伴隨與象徵失敗感的身體與心理現象，形容為「自卑情結」。

無疑地，受到震撼的效果，對準備比較差的人來說會比較強；對懦弱的人來說，他們總是希望得到外援，所以震撼也會比較強。和每一個人相處，都會有衝突，會讓他多少感到激動。我們有身體軀殼，也有外在的社會環境，這一事實也就使得我們在接觸外在世界之前，內心一定曾有過自卑感。人們對於有先天器官缺陷的人，不會對他們太過要求。影響孩子的外在因素，通常對孩子的影響都不是很好的。放縱或疏忽——想像的或真實的——尤其是放縱，常會誤導孩子，讓他去和社會興趣對抗。

此外，孩子通常是在沒有人教導的情況下，自行摸索出自己的運動法則的。他從自由與個人選擇的角度，使用錯誤與嘗試的欺騙性法則，而這種選擇是只受人為的限制；可是在同時，又總是在追求無窮的優越目標。孩子的創造力，會「使用」所有的印象、感覺，來建造他對人生的長遠態度，並發展他個人的運動法則。這一個心理學突顯的事實，後來被稱作「態度」或「外貌」（Configuration，或德文 Gestalt）。

那麼「精神官能症」是一種身體與心理相衝突的後果嗎？是「麻煩」的孩子、自殺者、罪犯、極端分子、激進分子、得過且過的人、縱欲者等這些人的衝突嗎？這些人在他們所堅持的錯誤運動法則裡，通常會和個體心理學所強調的「真理」衝突，和永恆之光（Sub Specie Aeternitatis）下的「公道」，與理想社區的無情要求相衝突。他們毫無疑問地感覺到，這有著無數衝擊的各種後果，包括心理的與身體的，但是這就是精神官能症嗎？

如果沒有理想社區的無情要求，如果每個人都能滿足他錯誤的運動法則要求，或者，用一個比較更富於幻想的表達方式，如果他能夠滿足他的本能，那麼就不會有衝突了。

精神官能症患者，像其他人一樣，有他的衝突，他的解決辦法，是他與其他人明顯不同的地方。他們從孩童時期開始，就在他的法則裡接受從某些任務撤退的訓練，而這些任務，就是那些如果失敗就可能傷到他的自尊，或造成他失敗感的事情。「不是全部就什麼也不要」，是他的人生格言，他們經常感受到失敗的威脅，而且過分敏感，沒有耐心，有強烈敵意，貪心，這樣又更容易引發更多衝突，也使得他想要撤退的意念變得更容易達成。

而這種策略上的撤退，是在童年時代就養成的，很容易露出「退化」的騙人外表，讓人覺得患者回到他自己單純的希望裡去了，但是他根本並不關心這些希望，他只想到他的退卻，為此他什麼代價都願意付。

在這裡，可能有人誤把這些犧牲當作「自我處罰的形式」。但同樣地，精神官能症患者並不關心自我處罰的問題，他只是在尋找從退卻中可以得到的解脫，這可以保護他並維護他的自尊與驕傲。

也許「安全」問題對個體心理學的重要性，現在總算可以掌握了。只有把它全盤了解才能明白，它不可以被看作是「次要的」，而是「首要的」。精神官能症患者靠「退卻」來保護自己，使自己處於「安全」的位置，並且靠著加深身體與心理震撼症狀的辦法，來保護「退卻」，使它「安全」，而這些所謂的症狀，則是可能帶給他失敗的問題衝擊引起的。

對於精神官能症患者來說，他寧願受苦，也不願個人的價值感遭到破壞，有關這一價值感強度方面的知識，目前只有個體心理學有提到。這一偉大個人價值的感覺，常常只有在精神疾病裡，才可以清楚看到，我稱之為「優越情結」，這是非常強而有力的。這一價值感會驅使他向前，但為了保護他的撤退，他必須拒絕，並忘掉妨害他撤退的一切，他只能容許和他的撤退有關的思想、感情與行動。

精神官能症患者把他的整個興趣放在撤退上，向前的每一步在他看來，都會令他掉到恐怖的深淵裡。因此，他把所有的力量和感覺，所有經過嘗試與考驗的辦法都拿來奮鬥，以求穩固地留在後方。他擴大他的震撼經驗，把整個注意力放在上面。而其他人的意見與判斷變成一個巨大的危險，他們承認精神官能症的發作，是可以被原諒的，但是如果沒有這些情況，他們就無法察覺患者極度不安全的光環。

簡單地說，利用震撼的經驗來保護受到威脅的光環，那就是精神官能症。更簡單一點，精神官能症患者的態度，可以簡化成為一個「是的，但是……」在「是的」裡面，社會興趣得到承認；在「但是」裡面，則見到退卻及保障退卻的方法。有人認為宗教的缺點，便是要對精神官能症負責，這對宗教是一種傷害；有人高喊信奉某一個政黨，就可以遠離精神官能症，這也是假的。

在我們的病人離開了大學之後，他到一間律師事務所去找工作，他只待了幾個禮拜，因為他認為這樣的工作似乎不值得他去做。在因為各種理由換過幾份工作之後，他決定不如專心研究理論，當別人邀請他以法學問題做演講時，他拒絕了，因為他覺得，他沒有辦法對廣大聽眾講話，症狀就在這時重現了，當時他二十二歲。一個想要幫助他的朋友，提議兩人一起演講，好不容易，病人接受了，但是他說要他先上台，當他發著抖、雙唇發白地站上講台時，他只覺得眼前一片黑，其他什麼也看不到。演講之後沒多久，他腹痛的毛病又犯了，他再也無法接受面對一大群人演講，自此之後，他肯做的事，只有教導小孩。

他也去看了醫生，醫生告訴他，如果想治好，需要有性行為。這種沒有意義的勸告，對病人來說一點用也沒有，他又開始退卻了。他開始擔心梅毒，道德上的顧慮，怕被騙，怕做私生子的父親，於是他的父母勸他結婚，他顯然聽從了勸告，他們給他找了一個女孩，他結婚了。他的妻子在懷孕之後就離開了，她說無法再忍受他永無止息的批評。

由此可以看出，只要稍有機會，病人就會如何傲慢，以及當他認為的危險成分出現時，他如何立刻退卻。他沒有為妻子與孩子著想，他的唯一興趣，在於讓自己看起來是最佳的狀況，他的這一專注，比追求他渴望成功的努力還要強，在他的人生關鍵時期，他掉入長久並且最痛苦的焦慮狀態中，而且以一些莫名的恐懼來催促他撤退，因為它們使他的退卻變得更加容易。

為何他們會有這樣的反應？我將提出兩種不同的解釋及推論。首先，我們可以回溯到他最早的童年那段時間，藉以證明下列這個事實：他在童年期就被誤導了，結果他不自知，就採用了他自己建立的錯誤生活風格；再者，我們也可以從他成人期的人生歷程中，發現更多符合他的錯誤人生風格的事實，從此可看出他的錯誤人生風格，將持續影響他一輩子。

這位病人說，他的母親個性溫和，他和母親也非常親密，只是她完全地放縱溺愛他；此外，她總是對他有很高的期待。雖然父親並不是那麼放縱他，但是只要他一哭，就一定會對他的要求讓步。在其他的家庭分子裡，他最喜歡的是他的弟弟，弟弟十分崇拜他，總是很順從地跟在他身後，並且什麼都聽他的。他可說是家裡的希望，弟妹們總是對他讓步，因此他是處在一個舒適安穩的狀況裡，也使得他不太容易和外界接觸或有摩擦。

這一點在他第一次上學時就看出來了。他是班上最小的，他以此為藉口，轉了兩次學，以表達自己對低下位置的不悅；此後他總是想超越其他人，並以此為樂，如果他做不到，就會選擇退卻逃避，以頭痛、肚子痛的理由不去上學，不然就是故意遲到。然後，要是他的學業不是最頂尖的，他和他的父母就會表示，這都是因為他缺課太多的緣故，而同時他會不停地強迫自己多背死書，他就是要比其他人還要來得博學多聞。

然而，只要一點藉口，父母就會讓他去休息，並且溫柔地照顧他。他一直都是個膽小的孩子，常常會邊睡邊哭，讓他母親日夜都得照顧他。

很明顯地，他自己不清楚這些症狀的意義與關聯性，這些全都是他生活風格的表現與言語。他不曉得他熬夜看書到凌晨一、兩點，是為了隔天可以晚起；而這樣一來，一些日常該做的事，也就不必做了。他甚至在女孩子前面十分怕羞，而且這種情況在他成長的過程中，一直持續著。由此看來，他根本沒有勇氣去面對人生中的一切事物，他更不願拿自己的虛榮和面子冒險。他在女人面前，不確定自己是否能成功，可是卻容許自己被母親極度寵愛著，這兩者成了強烈的對比。他想在婚姻生活裡，複製他和家人的關係，複製那種控制他人的關係，然而可以預見的是，這種天真想法一定不會成功的。

我指出過，一個人的生活風格，應該在有關童年的最早記憶中去尋找，雖然它們常是深藏其中的。有個病人他最早記憶是這樣的：「我最小的弟弟死了，父親坐在屋外痛哭。」我們還記得病人如何從演講之中逃走，並且放棄，認輸，覺得自己就要死了的記憶。

一個人對朋友的態度，就等於是他與別人在一起生活的能力的尺度。病人也承認他只想短期與人做朋友，而且想要去支配他們，因為他只把友誼當成利用別人的工具。他自己表示：「我不相信任何人會為別人工作，每個人都只是為自己。」

以下的事實，顯示他隨時在準備撤退。他很想寫作，但是在他開始寫時，就變得非常激動，無法思想。他解釋說，他得先看一下書才能去睡，但在他開始看書時，他又會覺得頭很沉重，使他無法睡覺。

他的父親不久前去世，正好在這名病人去訪問隔壁城鎮的時候，因為那裡有人要僱用他，不過，最後他婉拒了，理由是他覺得到那裡，他會感到生命受到威脅。即使是自己居住的小鎮有人要提供工作給他，他也拒絕了，他認為自己的病還沒有好，無法工作。

這就是患者的行為法則，他的「是的，但是……」也可以在他的夢境中發覺。個體心理學中的技巧，可以使我們看到夢與生活風格的關聯。夢不能讓我們明白任何新的事情，但它所發現的事，都能從病人現實生活中的行為找到線索，只要我們使用適當的分析方法，就可以從夢裡發現：做夢的人在他行為法則的指導下，是怎樣努力去激起自己的情緒，並且在違反常理的情形下，表現自己的生活風格。

我們也常發現，病人會在害怕失敗的壓力下，產生某些症狀。以下是患者做的夢：我打算要去拜訪橋另一邊的朋友，橋的欄杆是重新漆過的，顏色很明亮，我只是想看一下橋下的流水，並把身子靠在欄杆上，結果這令我的肚子開始攪動，也帶來疼痛，我對自己說：「你不該往下看，你可能會因此掉下去。」可是我還是冒險回到欄杆邊，我向下看，然後很快跑了回來，因為認為還是留在安全的地方比較好。

拜訪朋友以及新油漆的欄杆，是社會興趣的跡象，也是他希望重建一個較好生活風格的跡象。病人對從高處掉下的恐懼，他的「是的，但是……」清楚地顯露出來。我們已經指出，害怕所引起的肚子痛，就是他隨時反映情緒的結果。這個夢告訴我們，病人對醫生所表現的拒絕態度，以及對原有生活型態的堅持。由此可見，他還是對妨害他安全的行為感到十分退卻。

精神官能症，是不自覺地利用幻覺所引起的症狀。我們認為：人，因為進化，於是產生了平衡；而平衡不管碰到什麼問題，從不會停止。脈搏的變動，呼吸的長度、次數，血液的可凝性，以及內分泌腺的配合，都是維持平衡的辦法，但明顯的是，心理的激動會影響到自律系統，而內分泌系統，會使得分泌量增加或有所改變。目前，心理遭受到衝擊，而在甲狀腺方面引起的變動最為明顯，也最常被研究。

然而，有些變動有時會是致命的，我自己就見過這樣的病人。卓代克（Zondek）——這一領域裡最偉大的研究者，曾經要求我在判定因為生理變動而涉及的心理效應方面和他合作；此外，無疑地，所有眼球突出的甲狀腺腫（Exophthalmic Goiter）病例，是心理因素所引起的。有些人的甲狀腺，會因為心理的毛病而引起病痛。

此外，我們在腎上腺對於刺激過分反應的研究也有進展。研究發現，人體內可能有一個交感腎上腺素綜合體（Sympathetic Adrenaline Complex）存在，特別是在情緒憤怒的時候，腎上腺的分泌會增加。

美國的研究學者肯南（Cannon）已經用動物實驗證明，憤怒會造成腎上腺素數量的增加，並且造成心跳加快與其他變動。因此有人認為頭痛、腹痛，甚至也許癲癇這些病症，常常是心理因素所影響的，其實還挺有道理的。

在這類案例裡，這樣的情況，總是在精神官能症患者身上不停地發生。很明顯地，在這裡必須考慮到年齡，如果面對的是一個二十歲的神經緊張的女孩，可以假設她是碰到了有關工作或愛情的問題；如果是五十歲的男女，那麼不難猜測，他們應該是無法接受自己即將步入老年的事實。我們永遠都無法接受現實世界的殘酷事實，我們都只能透過對「事實」的看法或解釋，來處理這些「事實」，這就是我們對應這個現實世界的準則。

總之，要治療這類患者，只有靠知識的力量，靠著病人對錯誤生活風格的慢慢修正，以及靠社會興趣的發展，才有治療效果。

# 第十一章

# 性變態

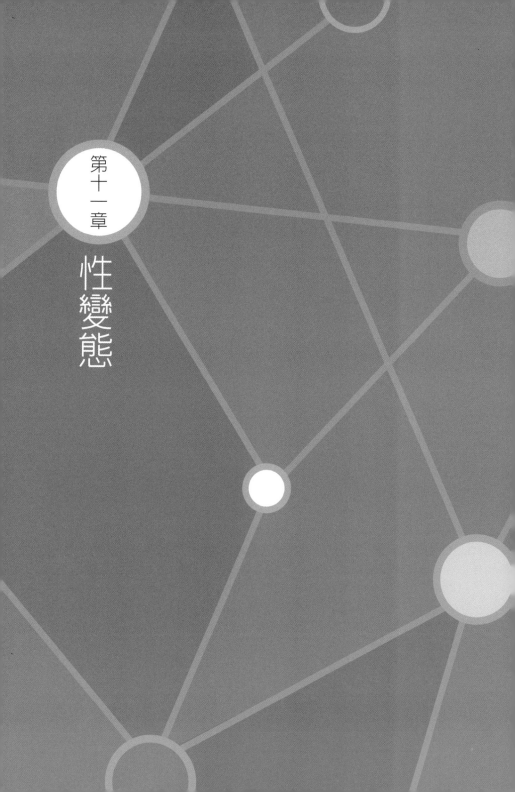

【第十一章】

# 性變態

在這裡對性變態的討論，只是概略性的，希望大家不要太過失望。大部分的讀者，應該對個體心理學的基本構想有某種程度的了解，因此我們可以再做進一步的討論了。

在這裡，我要特別指出的是，我們的世界與性變態者眼中的世界，在結構上並沒有多大歧異。現在來討論這類問題，其實還是很難被接受，因為現在的人普遍認為，性變態的主因是遺傳。這個觀念，令一般人很難再接受新的看法，但根據我的想法，能否治療性變態者最重要的因素，就是教育。由此可見，我們和一般所知的觀點迥然不同，即使有其他知名人士有類似的立場，例如：克瑞普林（**Kraepelin**），也沒有幫上什麼忙。

在這裡，我要提出一個病例，雖然這個病例和性變態沒有關係，但是可以用來說明我的心理學觀點。

這是一個過著快樂的婚姻生活，並育有兩個孩子的女人，她花了六年的時間，一直在和她所處的環境對抗。她指出，她有個從小就認識的朋友，私交還不錯，但在這六年之間，她已經無法忍受她朋友對她頤指氣使的態度了。她提出很多受她朋友氣的證據，但她的朋友卻說這不是真的。她的問題是這樣的：她強調，有一個相交多年的婦女朋友，從小就認識，也佩服她的能力，但這位朋友在最近六年，突然表現出一種想支配人的脾氣，總是在設法折磨別人。她說，她受的苦最多，而且提出了一大堆證據以支持她的說法，不過其他人否認這些證據。

她表示：「有些部分，我可能做得過火了一點，但基本上我不認為自己有錯。」

六年前，這個朋友曾當著她的面說別的朋友壞話，但又在那個朋友面前裝得很親熱，因此病人擔心她的朋友也會對她做同樣的事。為了進一步證明，她提到，她的朋友曾經說過：「沒問題，狗是很聽話，卻很笨。」說完之後，對病人看了一眼，彷彿在說：「就像妳。」患者的其他朋友對她的解釋感到無聊，因為他們根本不覺得那句話有多重要，而且為那個被指控的朋友辯護。

她一直認為，她的這個朋友在別人面前，會把她最迷人的一面顯露出來。為了證實這一點，病人說：「你看她怎樣對待她的狗，她不停地折磨牠，要牠做一些很困難的動作……」她的鄰居們回答說：「那只是一條狗，妳不能拿牠跟人比，她對人很好。」

這位患者的孩子，也不認同她，相反地，還站在她的朋友那邊，她的先生也是如此。病人不斷地找到新證據，以證明朋友都是特別針對她的。在面對患者時，我表示我覺得她是對的，她欣喜萬分，後來，又有些證據出現，我也和她丈夫做了一些證實。其實，這個可憐的女人的確是對的，只是她的表達方式錯誤。

事實上，每個人在社交上，或多或少都有一些遮掩或看輕人的傾向，也都有一些好的品性；而她卻把這個女人完全當成敵人，挑剔她所做的每件事，同時變得非常極端。她的感受能力比別人強，也就更能猜測朋友心裡想的事，雖然她自己並不知道。

我想要說的是：在這個世界上，要是太過堅持我們認為是對的事情，就必然會為我們帶來許多錯誤的想法及觀念。就像這個例子，如果這個婦人去看的，是個敏感度比較不夠的醫生，那會有怎樣的情形？他會認為她有迫害狂，有妄想症，並且按這樣的診斷去治療她，而她的情況只會愈來愈糟。

當人在認為自己的觀點是對的時候，就很難拋棄原有的觀點。所有研究者的立場也都會是這樣，如果他確信自己是對的，即使在研究科學方面也一樣，可能大家都會反對你的觀點，但毋須憤怒，科學家的確是需要特別的忍耐力。

讓我們回到正題，目前在造成性變態的研究方面，很多人認為「遺傳」的因素佔絕大部分。

支持這個觀點的人可能相信單純的遺傳，提到「第三性」時，他們會認為是在每個人出生時就存在的，有些人會認為是天生的，無法改變的，不管如何，這些觀點都無法讓我們改變自己的想法。

提到「同性戀」這個部分，我就不得不說到一九二七年拉格爾（Laqueur）提出的觀點。他發現所有男性的尿液裡，都含有另一性的荷爾蒙。這一事實給我們這些有不同想法的人很大的影響，他們比較容易認同我們，不過，後來布朗（Brun）針對幾名同性戀者的研究發現，在他們身上找到的荷爾蒙，同樣也在正常人身上找到，這令我們的理念前進了一步，那表示同性戀者不需依賴荷爾蒙。

我想要把所有心理學的走向，都加以分類，有的可以稱之為所有（Besitz）心理學，它努力指出人到這個世界上，到底帶來了些什麼，然後再從這個觀點延伸出一切心理的東西，從正常觀點來看，這樣挺愚蠢的。一般人不會以一個人所擁有的一切來做評論，而是看他如何去使用他的一切事物。例如：一個人擁有一把劍，但他不一定會好好使用它。他可以把它丟掉，也可以用它來砍人，也可以磨它，我們想知道的是他如何使用那把劍。

因此，我要說的是，也有必須被看作使用（Gebrauc）心理學的其他學派。個體心理學為了了解個人，把個人對人生問題的態度放在最前面，並且對於「使用」特別注意。使用一定是在個人的勢力範圍之內，也絕不能超出人的可能性的範圍，而這個範圍又是沒法下最後定論的。這些都是常識，但永遠都得要不停地被提起，也證明不學無術者在心理學這一領域的勝利入侵。

有關人的能力的使用，還有一點要提到：個體心理學強調，在人的心理生活裡，慣性運動法則是決定個性的最重要因素，毫無疑問地，是它所採取的最大膽的一步。雖然要把運動（**Movement**）看成形式（**Form**），必須把運動固定下來，我們不論看任何事情都始終堅信一切都是運動，我們也發現必須如此，如果要解決問題、克服困難，不能以享樂原則否認這點來反對；因為甚至享樂的追求也是要克服缺失或痛苦感。

如果這個理論是對的，那麼也必須從它的角度看性變態，只有這樣，運動的範圍才能按個體心理學所要求的方式去了解。我希望強調一點：雖然在性變態的結構方面，我們用這樣的辦法得到程式和基本構想，可是要了解每個個別案例，仍舊有很多工作要做。

每個個別案例都代表某種獨特的意義，某種再也不會出現的東西。舉例來說，在我們開始處理一個案例時，就必須放棄所有一般性通則。我們的心理學是使用心理學，方法也是使用心理學的方法：很自然地從這一事實出發。一個人在和他的正常社會環境分開之後，就完全不能展現他的個性，對他的癖性我們什麼也不能說，除非讓他接受考驗，同時觀察他如何運用他的能力。在這一方面，個體心理學已經到達了實驗心理學的極限，唯一不同的是，前者是以人生做實驗。

個人所必須處理的外在因素，對我們的個案研究是非常重要的，我們必須發現這一獨特的個人，和他所面對的問題的確實關係。我們必須研究他的人格的兩個方面，同時了解他在面對外在問題時是怎樣運動的；設法發現他怎樣努力掌控他的問題或個人的「步法」，或者說，在任務（性質上總是社會性的）之前的運動法則，是個體心理學的觀察領域。

在這裡，我們會碰到無數的變種與色調，在這無數的歧異中，要不迷失只有靠暫時假定型（A Type）那樣性質的東西；同時也堅定相信假定型總是會有不同變種，那是後來必須建立的。我們對典型個案的了解，只能照亮觀察的範圍，而接下來看的，就是發現個體本身這一困難任務。做這個工作需要敏感的手法，這是可以學習而來的。

此外，每一個案的實際問題的嚴重性與衝擊，也必須有適當的了解。要做到這點，必須要有足夠的社會經驗，以及對生活風格的正確了解。在我們所覺察到的這個運動法則裡，可以看到兩種典型的不同形式，在我最近為《個體心理學期刊》（Journal for Individual Psychology）寫的兩篇文章裡，我把它們形容為「佔有的」與「對社會有用的」。

性變態者在面對愛情問題時，會有許多人格傾向，對前途感到悲觀是其中之一。我們可以看到，未來途徑的正常寬度沒有了，收縮得非常厲害，很多問題充其量只有部分得到解決。

此外，還有很重要的一點，所有這些運動形式，是因為把標準排除了，改指向一個克制自卑感的勝利目標。

我們想一想，一個人的人生構想（他不自知的，沒有經過言語與概念的，混入到人生中的意義）所指導他努力的運動（人對自己能力的運用），我們可以從這一觀點猜想，在他不能全心全意努力去解決愛情問題，和愛情保持距離，或者慢慢地走過去，浪費時間的時候，他努力要征服的是什麼，勝利帶給他的滿足是什麼，在這裡，也許有人會提出康卡特托（**Fabius Maximus Cunctator**）的例子，他打了一次勝仗，因為他拖延了很長時間；但是這只是再次告訴我們不要太執著於規則。

征服的目的，也在性精神官能症（性冷感、早洩等等）裡顯露出來。例如，站得遠遠的，態度遲疑，不和人合作，用這樣的方式對待問題，根本不能解決問題。在這種運動形式裡，也看到排除正面思考的傾向，這是在百分之百的同性戀中可以最清楚看到的，在其他的案例中，也看到它的作用，例如，在拜物教與性虐待狂的案例。在後者的案例中，可以看到一個不能解決問題的強烈侵略性，也可以覺察到遲疑或排他的特殊形式，在那裡面，猛烈的性興奮會導致對對方的壓迫，對對方的有力攻擊，讓問題獲得有瑕疵的，也就是片面的解決。這也可以用在受虐狂身上，雖然在那裡必須了解優越那一目標存在於兩個不同方向。很明顯地，受虐狂對他的伴侶下命令；儘管他覺得自己在掌控自己的軟弱感；其次，他也同時排除了在正常寬度途徑上的失敗可能性，他用欺騙的手法克服了焦慮、緊張。

在研究人的典型態度時，會發現下面的事實。當他執著於一個確定的運動形式時，會理所當然地排除能解決問題的其他形式，排除並非偶然的，有對這一運動模式的準備，也就有排除其他模式的準備；有性變態就一定得先有準備，這自然只有研究運動的人才會看到，還有另外一個觀點是必須特別突顯的。正常的運動模式是研究問題以求完全解決，可是在研究變態者以前的運動時，會發現他在正常模式方面完全沒有準備。

在研究一個人童年的最早幾年時，會發現他在外在影響的刺激之下，一個用遺傳的能力、潛能構成的原型（Proto Type），已經在這個時期形成了，但是沒有辦法事先說，孩子會從他的器官的所有影響與經驗中塑造出什麼來，在這裡，孩子是用他自己的創造力在一個自由的領域工作。我們發現許許多多的可能性，我一直都是不怕麻煩地強調這些可能性，可是同時也否認它們是由因果決定的。一個生下來內分泌系統弱的孩子，一定會成為一個精神官能症患者，這樣的假設是不對的，但一般來說，某些經驗會以差不多相似的方式顯現，如果缺乏適當的教育，使孩子能建立有效的人際關係；那是有明確可能性的。

在自由選擇與錯誤的領域裡，有著無數的可能性。每個人都會生產出一些錯誤的成品來，因為沒有人是完全不犯錯的。明顯地，原型要大體上像一個正常的人，必須擁有指向合作的明確衝動，一個人的整個發展就看他在三、四、五歲那幾年，他在接觸感（Sense of Contact）方面獲得了多少。甚至在這之前，他與人接觸的能力的程度就已經是明顯的了。如果在檢查失敗時考慮到這一點，那麼就可以看到所有錯誤的運動形式，都應該解釋為缺乏接觸能力，更有甚者，涉及的人，因為他的典型個性，會被迫對所有他沒有準備的其他運動形式做出抗議。

在判斷這樣的人時，一定要容忍，因為他們一直沒有學到如何發展足夠數量的社會興趣。人如果了解這一點，也就會知道愛情的問題是一個社會問題，如果對自己的伴侶沒有多少興趣，如果不確信自己在人類的發展上有角色要扮演，也就不能解決這個問題。他的運動法則，和對解決愛情問題有適當準備的人不同，因此對於所有性變態者，我們可以說，他們沒有成為工作伴侶。

我們也可以發現錯誤的根源，讓我們了解，為什麼孩子這種有缺陷的接觸能力一直無法改善。在我們的社會生活裡，驕縱為這種有缺陷的接觸能力，提供了強有力的誘因。放縱的孩子只和放縱他的人來往，因此不得不排除所有其他人；此外，也有其他原因的影響。孩子因為他的驕縱經驗，而只和放縱他的人來往，這種方式形成了他的運動法則，使得他用性變態的辦法，來解決他的兩性問題。

性變態者不只在愛情問題上，而是在每一個沒有準備的考驗上，都會顯露他們的運動法則。因為這個緣故，我們可以在性變態者身上看到所有神經症的特徵：過敏、沒有耐心、易怒、貪心，以及用行動像是出於強迫的理由，為自己辯解的努力。他有一種強烈的佔有欲，引導他去執行在他典型特質裡的計畫，結果就出現對其他運動形式的猛烈抗議，甚至像強姦、虐待狂這樣的危險行為。

我希望在此說明，對個別性變態的準備是怎樣發現的。我要提出一個例子，顯示某些變態可能是因為如此的訓練而出現，我們不能只在實質的領域裡尋找線索，它也可以發生在思想與夢的領域裡。個體心理學很強調這一點，因為許多人相信，舉例來說，一個變態的夢，是天生同性戀的證據，而我們能夠從對夢的看法，去證實這個同性戀夢是準備的一部分——正因為它在對同性興趣的發展，與對異性興趣的排除上起了作用。

我將提出這類訓練的一個例子，在這個案例裡的人，因為年齡的緣故，不可能有性變態的問題。

為了表明運動的法則也在夢的生活裡出現，我引用了兩個夢。如果人能了解個體心理學，就不會害怕去在夢的每個小細節裡尋找人的生活全貌。無論如何，必須不僅在夢的思想（Dream-Thoughts），而也在夢的內容裡，找到整個生活樣式，當然這些思想，如果我們能夠適當地了解它，能夠正確地建立起它和生活風格的關係，會在了解個人對問題的態度這方面，給予非常大的幫助。我必須指出，我們在這裡做的像是偵探的工作，很不幸地，我們沒有所有的確切證據，要把個人的統一性建造起來，就必須盡力運用推測能力。

第一個夢：

「我夢見我是在下一次戰爭裡。所有的男人，甚至十歲以上的男孩子，都必須接受徵召……」從第一句中，個體心理學者就可以做出結論說，這是一個把注意力放在人生的危險與其他人的無情上的孩子。

「……一個晚上我醒了，發現自己躺在醫院的床上，父母坐在床邊。」

他選擇的情景，顯示他是一個被溺愛的孩子。

「我問他們出了什麼事，他們說開始打仗了，他們不希望戰爭對我有不好的影響，所以幫我動了變性手術。」

由此可見，他的父母多麼擔心他。這代表的是：在我有危險時，我會緊緊抓住我的父母，這是驕縱孩子的表達方式，我們不會先走一步，如果不能無條件地做，並且在工作裡盡可能存疑。可以發現，在這裡出現了性轉換的問題。在這個夢裡，我們發現性生命方面的不確定性。它指出做夢者對他的性角色不是很確定。他只是一個十二歲的孩子，許多人聽了這個會感到驚奇，我們將可以觀察到他是如何有這個想法的；人生有許多問題，戰爭就是一個例子，在他看來是不能接受的，所以他只好抗議。

「女孩子不需要上戰場，要是我被徵召，我的生殖器沒法被射下來，因為，我和其他男孩子不同。」

戰爭時，生殖器會有危險，這是一個不是很明顯的贊成閹割的論據，也許它顯露了他厭惡戰爭的社會興趣。

「我回到家，但神奇的是，戰爭停止了。」

所以，手術是沒有必要的，他現在要怎麼辦？

「我應該像女孩子，也許那是沒有必要的，也許不會有戰爭。」

我們可以看出，他並沒有完全放棄男性的角色。在這個時候，也必須考慮到他的運動法則。於是他又往男性的方向前進了一點：「在家裡我很不快樂，常常哭。」

常哭的孩子是被驕縱的孩子。

「當父母問我為什麼哭時，我說我害怕，因為我是女孩，長大之後，要承受生孩子的痛苦。」

所以，女性的角色也是沒有用的。他的目標是什麼？如果假定他想避免所有不愉快的境況，我們是走對了路。我發現在性變態的案例裡，這些人在孩提時代就已經被溺愛，而且常是沒有被教導的，顯得很無知，他們是很保守的，非常渴求別人欣賞，渴求馬上成功和個人的不凡。在這類案例中，孩子可能不知道他是男孩還是女孩，他該如何？不論是男孩還是女孩，他都很難生活下去。

「第二天，我到俱樂部，因為在現實生活裡，我是俱樂部的會員。」

我們已經可以想像他在那裡行為舉止會如何。

「我夢見在俱樂部裡有一個孤獨的女孩子，她沒有和男孩子們站在一起。」

這是嘗試要在兩性之間，做一個很明確的區分。

「男孩子要我到他們那邊去，我說我是女孩，我要去那個女孩身邊。我已經不再是一個男孩，雖然這樣讓我覺得很奇怪，同時，我也不知如何當一個女孩子。」

問題突然出現：作為一個女孩，我該怎麼做？

這就是訓練。只有那些在所有性變態中看到訓練，看到如何因為排除而被迫離開正道的人，才會了解性變態是人為的產品。性變態是每個人自己造成的，他自己創造的心理結構指導著他，有時候先天的身體結構也可能誤導他走上這條路。

「這次衝突的夢境，把我嚇醒，當我醒來，發現頭撞在牆上。」

做夢者常常採取和他的運動法則相一致的立場。用頭撞牆是民間的諺語，從他的態度裡，我們會期待那樣的結果。

「夢給我很深的印象。」夢的目的是要留下一個印象：「以至於在回學校時，我仍舊無法確定自己是男孩還是女孩；有的時候我不得不去廁所，確定自己並不是一個女孩子。」

第二個夢：

「我夢見班上唯一的女孩，是以前曾夢過的同一女孩。她要和我一起去散步，我回答說：『我只和男孩子一起散步。』她說：『我也是男孩子。』這在我看來似乎不可能，我要她證明這一點，她給我看她有一個像男孩子一樣的器官，我問她怎麼可能有這種事，她告訴我，她動了一次手術。

男孩變女孩比女孩變男孩容易，因為後者必須加一點東西，所以，她讓人縫了一個橡皮做的男孩子器官在身上，但是就在這個瞬間，父母把我叫醒了，好不容易我再睡著，終究喚不回原來的夢。」

有一類的驕縱孩子喜歡魔術，魔術在他們看來是最重要的東西。他們希望在沒有任何努力與麻煩的情形下擁有一切，他們也有很多時間，可以花在心電感應的研究上。

現在要聽這個少年如何對自己解釋這個夢。

「我看過在空中飛行的生殖器戰爭的故事。我聽說任何人如果失去他的生殖器官，他就會死。」

可以看出這名少年賦予生殖器的重要性。

我在一份報紙上看到這樣的標題——兩名幫傭少女在兩個小時內變成士兵——這可能是一個被誤解的畸形性器官的案例。

的確真的有陰陽人，碰到這樣的人也實在難說他是男還是女。他可以自己決定要如何運用他的陰陽品性。

在假陰陽人裡，有的人是器官畸形，和另一性的相似，是帶有欺騙的作用。事實上，每個人身上都有另一性的痕跡，就像在尿液裡有另外一性的荷爾蒙一樣，這說法引起一個看來相當大膽的推測，也就是每個人都隱藏有雙重身分。雙重身分有非常不同的標誌形式，在雙重身分的問題解決時，兩性形式同時存在於一個人身上的可能性才能決定。我們知道每個人都是從男女的素材中生出的，很有可能在雙重身分的研究中，會碰上能夠對每個人身上的陰陽品性，給予更多說明的問題。

現在可以補充一、兩句有關治療的話。經常聽人說性變態無法治癒，不是不能，而是有困難。變態者，他一生都在接受變態的訓練，因為他們的運動法則受到限制，規定他們走這條路。這就是很難去改變他的原因，他們不能不往這個方向走，因為他們沒有從小就建立起可使他們適當運用自己身體與心智的人際關係。要保證適當運用只有一個辦法，那就是事先具備充分發展的社會興趣，正因為知道這一事實，我們可以說，大部分變態者的治療，看來似乎很有可能。

我想說的是：性功能，像所有其他功能一樣，在開始時是沒有社會興趣在內的。人們在吃、排洩、看、聽、說等方面，開始時都是受身體需要的控制。孩子的創造力，在平常的教育、文化影響的協助之下，會在他的身體功能與社會生活需要之間，建立起和諧的關係，孩子獲得的社會興趣的數量，將決定和諧所能達到的程度，以及對孩子來說，究竟會是幫助或負擔。

同一社會興趣在性功能上也是有價值的，性功能在開始時是一人的功能，這在手淫上清楚表現出來。這個功能發展得慢，也缺乏有利的條件，讓它可以成長為社會功能，也就是說，它成為兩個不同性別者之間的一項任務，同時也因此妨礙這個功能在愛情、生育、人種延續這些方向的正確進化發展。

社會興趣的數量決定了問題的結果。手淫代表性功能的第一個階段，各種形式的變態與缺失都是手淫的變種。這一點的證據，可以在所有變態者的生活風格中找到，也可以在他們和外在問題關聯的方式中找到。

# 第十二章

# 童年的早期回憶

【第十二章】

# 童年的早期回憶

不論我們對自我（Ego）的統一性方面知道得多麼少，我們永遠都不能沒有它。用幾個不同的觀點，來分析同質的心理生活是可能的；也可以把兩、三個用來解釋不可分割的自我，以及空間概念拿來做比較及對照；也可以從意識、下意識、性、外在世界的層次，來說明統一性；但事實上，到最後還是會回歸原點。無論如何，在個體心理學所開拓出的途徑，其進步已經不再可能被誤解了。

在研究心理生活的堅固統一性時，早期不能不考慮記憶的功能與結構，這是不難了解的。我能夠證實早期作家的一些說法：絕不可以把記憶看成印象與感覺的聚集之處；印象的被保存，不是因為過去經驗的持續或再發效應。在記憶的功能上，我們所看到的是同質的心理生活的力量的部分表現——自我力量的部分表現。

自我，像知覺一樣，有調理印象，把印象置入已經完成的生活風格，再按照生活風格來好好使用它。我們可以用一個吃東西的直喻來說，記憶的任務是吞食與消化印象，而消化是生活風格的正常功能，任何不合它口味的都會被拋棄、忘掉，或是留下來做一個警告的範例。決定權在於生活風格，如果它對警告感到很有興趣，那麼就會把不能消化的印象當作警告用。

事實上，很多印象只消化了一半，有時甚至只有接受十分之一或千分之一。可是在過程之中，也可以只消化那些伴隨印象的感覺與心態，和這些感覺與心態混在一起的，偶爾會有字句或觀念的記憶，或是其中的片段。假定我忘掉了一個人的名字，但是他的其他事情我都知道得很清楚，他不一定要是我不喜歡的人，也不一定要是會令我不開心的人，所以一個人的名字和相關事物，不一定要在我的生活風格興趣之內，才會讓我記得他。由此可見，印象本身要比用語言表達的經驗多很多。

個人的統覺能力，會把觀察到的和個人性格相一致的事實交給記憶。他在自己習性的引導之下，接收以這樣方式形成的印象，同時搭配上感情與心境，而感情與心境又聽從個人的運動法則。而從這個消化過程留下來的部分，就是我們稱為的「記憶」，不論是用言語或感情所表達出來的，或是對外在世界的態度所表達出來的，這應該就是我們所了解的記憶功能。因此，獨立於個人習性之外的，理想的、客觀的印象是不存在的，因而，我們必須期待找到烙印生活風格的記憶形式。

下面我會提出一個有關記憶與生活形式相連的常見例子。

有個男人痛苦地埋怨妻子忘掉「所有的事情」，一般醫生立刻會想到這是腦的部分出了問題。可是在這個案例裡，根本沒有這方面的問題，因此我開始詳細詢問病人生活風格方面的事，暫時不去理會這些症狀；這是必須的，可是許多心理醫生並不知道。他的妻子是一個沉靜、友善、聰明的人，她不在意愛惹麻煩的公婆，決定和一個喜歡操控別人的男人結婚。在婚姻生活裡，丈夫讓她覺得在金錢方面得要依靠他，也讓她覺得自己出身卑微，她大多默默承受著丈夫對她的指責與糾正。夫妻兩人都曾提過分手的問題，但這個男人的控制欲讓他無法放手。

她是個獨生女，父母親十分恩愛，也很寵愛自己的女兒。從童年時期開始，她不論是念書還是玩樂，都是獨自一人，不和其他人一起。她的父母也不覺得有什麼不對勁，更何況她和其他孩子在一起時，也沒有什麼異狀，但是在婚姻生活裡，她無法有自己獨處的時間，她閱讀的時間，以及她稱之為閒暇的時間，經常都被先生或是社交活動給打斷，而先生也毫不在意，只想著在妻子面前表現出自己有多麼優越；此外，她非常熱中於家務，唯一的例外，是經常忘掉先生交代她做的事。

在她童年的記憶中顯示，在獨自做自己該做的事時，她總是極端快樂。

有經驗的個體心理學家馬上就能看出，病人的生活形式，適合那些她能夠獨自完成的事，可是不適合愛情、婚姻這樣需要兩個人合作，才能適當完成的共同任務，這些部分，因為她先生的習性，無法幫上忙。她的完美方向是在單獨工作的部分，在這方面，她可以說是完美無缺的，要是只看到她這方面的性格，是永遠找不到問題所在的，但她在愛情與婚姻方面並沒有準備，她無法掌握雙頭馬車。特別提到一點，對於她的性生活，形式是性冷感的，這也是很容易猜想得到的。

現在可以開始考慮症狀方面的問題，這部分我們還沒有提到，但事實上我們已經了解它了，她被迫去參與她沒有準備，也不在自己目標內的工作，所以她選擇抗議，而她的忘記是一種抗議形式——帶有溫和侵略性的抗議形式。

並非每個人都能從如此簡短的敘述中，去認識與了解人這個藝術品的複雜性。據我們的了解，病人的症狀背後，都含有下面的意思：病人「只」想要吸引他人注意，讓其他人對他發生更大的興趣。

順便一提，常有不同的案例。根據我們的觀點，這完全要看病人社會興趣的多寡，在目前的案例裡，不難了解這個女人的錯誤，在共同工作與生活方面並沒有很好的準備，這是比較容易補救的，因為她只是因為健忘，而把最重要的一塊拱心石給忽略了。她確實接受了這一看法，她在友善的談話中與醫生合作，同時，先生也接受醫生的指導，結果她被解救出來，她的健忘也沒有了，因為已經失去了動機。

我們現在可以了解，每個記憶，只要涉及的經驗對個人有影響，沒有立刻被拒絕，都是人的生活風格，也就是自我，以印象為材料匠心經營的結果。這不僅對那些深刻的記憶是如此，而且對那些不太深刻，難以記得的記憶，甚至對那些沒有用言語表達，只是作為感情的色調或心態存在的記憶也是如此。

因此我們能夠建立一個比較重要的看法，它蘊含下面的事實：觀察者必須明白地證實，在記憶的範圍內，什麼是因為理智，什麼是因為情感，什麼是因為態度而存在的，用這樣的辦法，去了解每一指向完美目標的心理運動形式。我們知道，自我不只在語言上，也在情感與態度上表現自己，同時自我統一性這一科學在器官語言（**Organ Dialect**）的發現上，也得感謝個體心理學。人依靠身體與心靈的每一根纖維，去維持和外在世界的接觸。

在一個案例裡讓人感興趣的，是如何去維持這一接觸的方式，尤其是有瑕疵的方式。順著這條途徑，我發現下面的任務是一項迷人而有價值的工作，發現與利用記憶，不論是以怎樣的方式出現，把它當作個人生活風格的重要部分來使用。我尤其對那些被看作是最初的記憶感到興趣，理由是它讓我們看到童年初期的一些事件，而這些事件——不管是真的或是想像的，正確報導或改變了的——在時間上和生活風格的創造性建造隔得很近，而且也很大程度地透露了生活風格對它們的用心經營。

在這裡，我們對記憶的實際內容倒不是那麼關心，因為這只能被簡單地看作是屬於每個人的內容。我們不如說是要估計它可能的情感色調，衍生而出的心態，以及其框架材料的選擇與經營，估計後者是因為它可以協助我們發現個人的主要興趣，而那是他生活風格的一個基本成分。在這裡，個體心理學的主要問題，什麼是這人的目的，他對自己與人生是怎樣的看法，給予我們相當程度的幫助。我們無疑地從個體心理學在完美目標，自卑感方面的堅定看法得到指導，也從自卑與優越情結的學說，學習到不同的東西。這一切的構想，都只是為了要了解如何去找尋病人特殊的運動法則。

在開始找尋法則時，你或許會懷疑我們對於記憶，及它與生活風格之間的解釋過於輕率，因為個別的表達形式，可以有好幾個不同的解釋。如果他在記憶裡找到了個人的真正運動法則，那麼就必須在所有其他表達形式裡，也找到同一運動法則。就治療各種情況的失敗學說，他必須拿出許多失敗的證據，使病人因為證據的分量而被說服。醫生自己遲早會被說服，全看他的傾向，但是，評估一個人的失敗症狀及錯誤的生活模式，除了足夠分量的正確社會興趣之外，沒有其他標準。

如果是非常謹慎的，而且有必要的經驗，我們就可以去尋找，主要是從最早的記憶裡，生活風格的錯誤方向，以及社會興趣的有無。這之中會特別受到社會興趣的缺乏，其原因與結果這三方面的知識指導著。如果病人在描述一個情況時，用很多的「我們」、「我」，就透露了很多事情。他怎樣提起他的母親，也可以由此看出。危險，意外事件，改正與處罰方面的記憶顯示，他把注意力放在人生敵意成分的誇張傾向。弟妹出生的記憶，透露被篡位的情境。如果記得第一次上幼稚園，或者去學校的情形，也就顯示新環境造成的重大印象。

疾病和死亡的記憶，常是和對這些危險的恐懼相連接在一起的。和母親一起去鄉下的記憶，以及慈愛地提到某些人，例如母親，父親，祖父母，常是表示對曾經縱容他的人的偏好，也是對其他人的排除。錯誤行為，偷竊，性方面的不規矩記憶，顯示他很希望能排除這些不好的事物。有時也會發現其他部分，像是視覺的，聽覺的，動覺的（Kinesthetic），對學校的適應不良，職業選擇錯誤的發現，這些都會對發覺病人的症狀有更大的發現及幫助。

接下來我會舉幾個例子，來說明最早的記憶與永久的生活樣式之間的關係。

一名三十二歲的男人，是一個單親家庭的小孩，從小就被寵壞了。他被證明不適合做任何工作，因為他一工作，就會有嚴重的焦慮，儘管在家時一切都很正常。他是一個友善的人，但他卻很難和別人親近，只要學校裡有考試，他就會情緒激動，常以身體不適為由不去上學，母親全心全意地照顧他，因為他是母親唯一在乎的人。至此不難推想他的優越目標，他盡可能避開一切人生問題，也希望因此免除一切可能發生的錯誤。只要他和母親在一起，就沒有危險，所以他抓住母親不放，讓人覺得他幼稚，雖然從生理上，看不出他有任何幼稚的地方。

這種凡事躲到母親後面的方法，是他從小習慣的，當第一次被喜歡的女孩拒絕時，這樣的情況更加明顯。這一「外在」事件讓他感到震撼，而震撼加強他撤退的欲望，結果現在他一直離不開母親的照顧。他童年的最早記憶是這樣的：「四歲的時候，我坐在窗子旁邊，看著街道另外一邊的工人在蓋房子，這時母親坐在我身邊，織著長統襪子。」

有人也許會覺得這沒什麼，但事實不然。他最早記憶的選擇——是不是真的最早並不重要——告訴我們一定有某種因素吸引著他。而他的記憶，在生活風格的指引下，主動地選擇一個強烈顯示個人傾向的事件。事件的情景把擔心的母親也包括在內，顯示了他是個驕縱放肆的孩子，不過，另外一個更重要的事實也被揭示了，他在其他人工作時在旁邊觀看，這完全顯示他對人生的準備是一個旁觀者的準備，除此之外，幾乎什麼也不是。如果他冒險走出這個界線，他會覺得是站在一塊懸崖的邊上，然後在震撼效果（怕自己的一文不值被發現）之下退卻。

他認為留在家裡和母親在一起，或在其他人工作時在旁邊觀看，就不會發現自己的毛病。在他的行動路線上，他的目的是要支配他的母親，作為他唯一的優越目標，不幸的是，對一個單純的旁觀者而言，人生是不會有多少展望的。

無論如何，像這樣的病人治好之後，會先幫他安排一個工作，讓他漸漸融入人群。既然我們已經了解病因，就要主動介入，讓他了解雖然他可以做任何工作，但是如果他想好好發展下去，建議他去找一個以觀察為主的工作，於是他後來去從事古董交易，生意很成功。

有關童年最早記憶的知識是很有用的，再舉一個例子來說明。

一名十八歲的少女不斷和她父母爭吵。他們要求她繼續讀書，因為她在學校的表現很好，可是她不肯，後來發現，原因是她怕失敗，因為她在學校的考試裡不是第一名。她最早的記憶是這樣的：她四歲時，在一次孩子的聚會上，看到另外一個女孩正在玩一個大球。她是個被寵壞的孩子，一定得要一模一樣的球，其他什麼她都不要。她父親找遍了鎮上所有的店，都找不到，他只好拿個比較小的球給她，可是她哭著拒絕了。她的父親不停地向她解釋，買不到一樣的東西，她才勉強接受。這一記憶，可以讓我得出一個結論，友善的說明能對這個女孩發生作用，她是可以被說服的，於是，我把她治好了。

下面的案例告訴我們，命運常是如此讓人難以理解。一名四十二歲的男人，在婚後幾年變得性無能，太太比他大十歲。有兩年的時間，他幾乎沒有和太太與兩個孩子講過話。雖然早年在生意方面還算成功，但是後來就開始走下坡，把家庭弄得支離破碎。從小他是母親的心肝寶貝，非常溺愛他。三歲時，一個妹妹出生了，不久之後他開始尿床（妹妹的出生是他最早的記憶）。孩童時期，他就常做惡夢，這常發生在被寵壞的孩子身上，因為妹妹的出生，他覺得自己被篡位了，於是想把這一事實忘掉，而尿床和焦慮都是因為如此。尿床是控訴的表示，也許說得更嚴重一點，是對母親的復仇行為。他在學校裡是個優等生，唯一一次的打架，是因為某一個男孩侮辱他，當時老師對他一時失去理性的行為，也感到很驚訝。

由此可見，他的訓練讓他期待完全的關注，他的優越目標在於別人能喜歡他，選擇他，而不挑選其他孩子；如果不能達成這個目標，他就採取同時帶復仇和指控意味的步驟，雖然他自己和別人都不曉得。他會如此努力，是因為他不想被人看作是一個壞孩子。他表示，他和一個比他大的女孩子結婚，因為這個女孩會像母親一樣對待他。她現在已經五十多歲了，也逐漸把注意力放在孩子身上，於是他以一種看來沒有侵略性的方式，和他們斷絕一切交往。他的性無能，從器官語言的角度說，主要就是因為這個斷絕造成的。現在你可以清楚了解，為什麼在他童年的開始幾年，在妹妹出生、母親對他停止溺愛時，他會經常使用比較不明顯，但絕對有效的尿床指控方法。

一個三十歲的男人，排行老大，因為一再偷竊，必須坐很久的牢。他最早的記憶發生在三歲的時候，在弟弟出生後的一段時間。下面是他自己的一段敘述：「母親總是比較喜歡弟弟，甚至在我還小時，我就曾離家出走。有時，在飢餓迫使之下，我會從家裡或外面偷些小東西，這時母親會嚴厲地處罰我，但是我總是又逃走。我上學到十四歲，我覺得自己只是一名平凡的學生，學習對我一點用也沒有，於是到處遊蕩。我討厭我的家，又沒有朋友，也找不到關心自己的女孩，於是我選擇去舞廳，想去那裡交朋友，可是我沒有錢，只好靠偷竊維生，剛開始我偷摩托車變賣，接下來就開始偷一些比較貴重的東西，直到我進了監牢。如果當時我不對自己的家庭感到厭惡，或許我不會誤入歧途。」

我曾經指出，大多數犯罪者，在孩提時代，都曾經被溺愛或者渴求溺愛。同樣可以發現的是，在他們的童年期會看到比較多的活動量，但這並不是勇氣。病人的母親是能夠溺愛人的，她對待弟弟的方式就是證明，在弟弟出生之後，病人感到痛心，由此可證，他應該也被溺愛過。他以後的生命很多轉折，根源在於他對母親的痛苦埋怨，在於他沒有足夠的社會興趣，在沒有朋友、工作、愛情的情況下，除了犯罪之外，他的活動找不到其他出路。

# 第十三章

# 妨礙社會興趣發展的境況

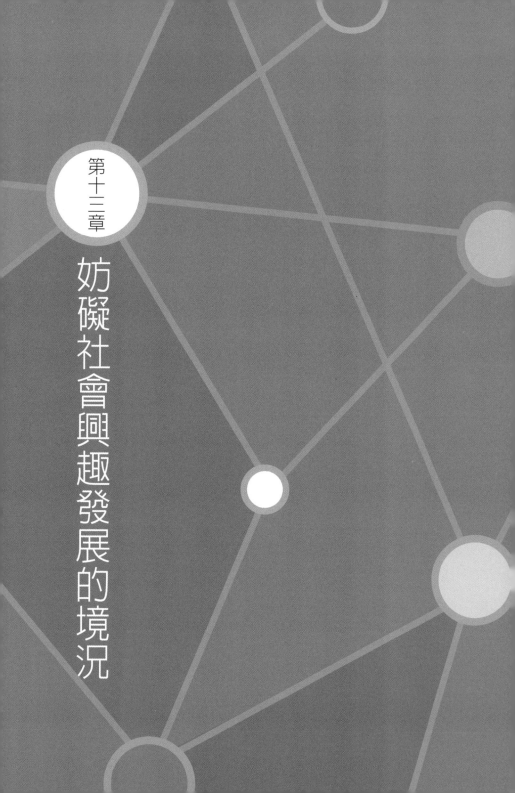

【第十三章】

# 妨礙社會興趣發展的境況

什麼樣的境況，會令孩子有走錯路的傾向？或是會引誘孩子走錯路？在尋找答案的過程中，你會發現一再碰到我形容為最重要的那些困難問題。它們的確是有妨礙社會興趣發展的趨向，在很多案例裡也的確被證明了。這類問題是溺愛、與生俱來的器官低劣以及疏忽。

它們的效果不僅在範圍與程度上不同，在影響的期限上也大不相同，最重要的是，在孩子身上的影響，根本無法推算。孩子對於這三個因素的態度，不僅要看他對實驗（嘗試與錯誤）的使用，而更要看他的成長能力與創造力。這個創造力是生命過程的一部分，在我們這種壓制與鼓勵並行的文化裡，它的發展是一個幾乎無法估算的因素，它的強度也只能從結果來判斷。

在衡量孩子創造力方面，如果想繼續推論下去，就必須看到無數的事實：家庭的特性、光線、空氣、季節、噪音，與其他和正確的人的接觸、氣候、土壤的性質、營養、內分泌系統、肌肉結構、器官發展的節拍、胚胎階段，以及許多其他因素，而那些專門照顧孩子者，所給予的幫助與養育就是一例。

看到這些讓人困惑的因素，我們可能會假設它們有時會有幫助，但有時也會造成損害。如果在每個案例裡都能小心地考慮統計學上的或然率，而同時又不否認出現不同結果的可能性，我們就覺得滿意了。任何歧異都可能在結果裡發生，採取觀察結果的方法，會使出現錯誤的機會的可能性少得多。孩子的創造力那時就會清楚可見，會有足夠的機會來衡量它。

但是不要忘掉，孩子一生下來時，他的合作傾向就受到挑戰。母親在這方面的重要性可以清楚看到，她站在社會興趣發展的開端，人類的最初社會興趣是託她照管的。她在小事情上幫助無助的孩子，替他洗澡，提供他需要的一切，在這樣的過程之中，她可以決定讓孩子加強社會興趣，或是妨礙孩子社會興趣的發展。

她和孩子的關係，她的知識，能力三者都是決定性因素。但人本身就有很強的進化能力，所以孩子會利用其他的方式，來強迫自己接觸其他人或社會，因此孩子可以克服任何可能出現的人際障礙。

社會興趣的發展中，最重要的一部分，就是從母親身上而來的，它可能因為不利的境況，過多的憂慮、失望、疾病、痛苦，社會興趣的嚴重缺乏，而受到阻礙。可是母愛的功能和影響力，通常在動物和人的身上都是非常強有力的，能輕易克服飢餓與性的衝動。人和母親的接觸，對社會興趣的發展是極重要的，這一點可以很容易被大家接受。如果放棄這一無所不能的槓桿，另外去找一個只有一半效用的代用品，會讓我們覺得非常尷尬，更何況母性的接觸感，作為一個不可失去的進化所有物，會無情地抗拒自己的被毀。

人的社會興趣中最大部分的存在，以及隨之而來的人類文化的基本延續，可能都需要感謝母性的接觸。當然，母愛在今天對社會的需要常常是不夠的。在遙遠的未來，這一所有物的使用，會和社會理想更為一致，遠過於今天。現在母子間的關聯有時太弱了，而有時又太強了。若是前者，孩子可能一開始就會覺得人生不太友善，再加上其他經驗，他可能把這一部分作為他人生的鉛錘線。

我常發現，在這些案例裡，甚至與父親（不是祖父母）的較好接觸，也很難補償這一缺陷。一般來說，孩子與父親的較好接觸，都是顯示母親這一方面出了問題，而且也標示孩子人生的一次發展——他，不論正確或錯誤，的確是對母親感到失望。女孩子們常常和父親有比較好的接觸，而男孩子們則是和母親比較好，這其實不能說成是因為性的緣故。在測試這一事實時，須考慮上面有關孩子對母親失望的說法。在這裡必須注意到兩點。父親，像他們習於對所有女孩與女人那樣，常常會對女兒顯示比較溫柔的感情；而女孩與男孩，一直為未來人生做準備，而在對待異性的父或母的態度上，也在做著同樣遊戲性質的準備。

我發現「性衝動」，在極度溺愛的孩子案例裡，有時也會發生作用，不過當然不是佛洛伊德所說的那種誇張式的性衝動。被溺愛的孩子，希望把他們的整個發展局限在家庭的圈子裡；說得更貼切一點，是局限在一個溺愛他的人身上，讓自己只熱愛這一個人。事實上母親該盡的責任，從歷史發展與社會的角度說，是盡快使孩子成為夥伴，能開心地幫助人，在力不及時也開心地接受別人幫助。

有關「教養好的」孩子可以寫的東西太多了，在這裡我們必須指出，孩子在家裡應該感到是有同等權利的一分子，並且對父親、兄弟、姊妹愈來愈感到興趣，而且不久對所有其他人也一樣。因此在很早的階段，他就不再是負擔，而是一個合夥人，他很快就會感到自在，而進一步發展出來自與環境接觸的勇氣與信心。任何像尿床、亂拉大便、非病痛造成的毛病，這類因為功能上的錯誤而引起的麻煩，不論有意還是無意，都會變得很容易解決，更何況他的合作傾向如果夠強，這些毛病就不會出現。

所有這些不好的品性，只有在孩子拒絕扮演他自己的角色，不肯接受他的文化訓練時，才會出現。它們幾乎只有在被溺愛的孩子身上才會看到，而用意是要讓周圍的人更加為他忙碌。我提醒大家注意這些事實已經很久了。佛洛伊德主張普遍的性（Universal Sexuality），這是他的學說的基本構想。他現在設法舒緩這一觀念的作用，主要就是受到個體心理學經驗的影響。

夏洛特（Charlotte Buhler）的想法，比較接近有關「正常」頑抗階段的觀點，這就必須從我們的經驗加以說明了。從剛才敘述的結構中可以推論：童年時的毛病，是和頑抗，嫉妒，自戀（Self-love），沒有社會興趣，自私的野心，渴望復仇等性格連在一起的，而這些性格有時明顯，有時又不明顯。

這一點也證實了，個性是優越目標的導引者的推論。它反映人的生活風格和社會態度，它們不是天生的，而是和孩子形成的運動法則在同時完成的。被溺愛的孩子不會放棄任何希望或享樂，而且更會抓住下面這些對他來說可能是很瑣碎的享樂：亂拉大便、吸吮大拇指、稚氣地玩弄生殖器等，被溺愛孩子的性格，可以從他們這些偏執行為裡看出。

父親的人格在社會興趣的發展上，形成另外一個危險角落。母親不應該剝奪他和孩子建立一個盡可能長久關係的機會。父親可能很難成功，如果他溺愛、社會興趣有瑕疵，或是孩子不喜歡他。不可以把父親看成是專門來處罰、威脅的，他必須把自己的時間與情感的大部分分給孩子，以確保自己不會被忽視。我可以舉出一些其他父親所做出的特別有害的行為，想用過分親愛的行為取代母親，建立嚴厲的管理體制以改正母親的溺愛，結果把孩子更驅向母親，或者設法把他的權威與原則強加在孩子身上。最後可能帶來屈順，但永遠不會帶來合作與社會興趣。

在繁忙的社會中，用餐時間提供一個培養共同生活的特殊機會，餐桌上的愉快氣氛是不可少的，盡量少發表餐桌規矩的講話，這樣會比較好。在餐桌上也應該避免挑剔，發怒與喋喋不休的埋怨，同時也不應該容許看書或一人沉思，也不要在餐桌上，一直批評小孩的成就，這時刻一點也不適當。最好可以全家一起用餐，尤其是在早上，最重要的是，要讓孩子有說話與發問的自由。不要老是嘲笑、辱罵小孩，拿別的小孩和他們相比，這樣可能引發保守、怕羞，或其他尖銳的自卑感。

不要讓孩子覺得自己的能力不夠，應該有訓練他們勇氣的明確途徑。如果對任何事情有興趣，讓他們有自由發展的空間，不要想把一切掌控在自己手裡。鼓勵他們去做他們想做的事，也不要過分擔心，只要先做好適當的預防措施。

父母的過於緊張、家裡的爭吵、教育的不同意見，很容易傷到社會興趣的發展。避免限制他們去和任何人在一起，可以稱許他的成功，責備他的失敗，但是不要涉及人格。

疾病也可以成為社會興趣發展的危險障礙。像其他麻煩一樣，如果發生在剛開始的五年會更加危險。

前面已經談過與生俱來的器官缺陷的重要性，也指出在統計數字上已經證明，它是導致錯誤方向，成為社會興趣障礙的邪惡。這也可以用在像軟骨病這樣的早期疾病上，這些疾病一開始並沒有傷害到人心智的發展，但傷害身體的發展，而且可能導致或多或少的嚴重畸形。

在童年的其他早期疾病裡，有些病會讓孩子周圍的人感到焦慮及擔心，讓孩子大大感到他個人的價值，但其實他根本沒有做出任何貢獻，這類疾病最可能傷害到他的社會興趣，包括百日咳、猩紅熱、腦炎、舞蹈症等等。當孩子病好時，通常是不會造成什麼嚴重的傷害，可是會開始發現他變得很麻煩，因為病雖然好了，他仍希望大家在病中的溺愛會繼續下去，並為此爭鬥。

即使出現了殘障的情況，聰明的辦法是不要去理會，讓他把自己當成正常人。我看過一些案例，心臟疾病與腎臟疾病被診斷錯了，可是在診斷改正，證實他完全健康後，訓練孩子的困難卻沒有消失，自艾自憐以及它的所有後果，特別是社會興趣的缺乏仍舊會繼續。

焦急、憂慮、眼淚，對於生病的孩子一點幫助都沒有，反而會誘使他到疾病中去找好處。很重要的一點，任何對孩子有害但可改正的事情，都應該盡快予以改正，絕不可以有毛病會隨著成長消失的想法。還有在預防疾病方面，應該盡可能設法在不使孩子變得膽小，以及不妨礙他與別人交接的情形下，做到這點。

如果給孩子太重的負擔，他的身體與心靈的資源會一下子感受到太大的要求，那他可能會因為無法負擔而反彈。所有的教導，都該根據孩子接受的能力去給予，如果他問了一些有關性方面的問題時，應該給他回答，但是要確定他能夠吸收給他的資訊。不過，在任何情形下，都應該很早就把兩性平等與孩子自己性角色的知識告訴他。

有些困難，是孩子在家中的地位引起的。在童年早期，家裡如果有一人有優先身分，不論有沒有強調，常常會對另外一個造成不利的反作用。在同一個家裡，有一個成功的孩子，常常就會有一個失敗的孩子，這樣出現的頻率高得讓人驚奇。一個比較活躍，就可能使得另外一個比較消極；一個的成功，可能帶來另外一個的失敗。人常常可以看到早期的失敗，對於一個孩子以後人生的顯著效果。

同樣地，偏心一個孩子，這經常是很難避免的，就可能造成對另外一個的傷害，因為這樣會引起他尖銳的自卑感，以及隨之而來的所有可能結構的自卑情結。

在同樣家庭長大的小孩，想法都會一樣，這是一種很錯誤的觀念。因為即使家裡每個人都有同樣的環境，同樣的教養，但是孩子按照適合自己創造力目標的方式去使用它們的影響。我們將可以看到環境對每個孩子的效應會是多麼不同。似乎也已經證實的是，同一個家庭的孩子既沒有同樣基因，也沒有同樣顯型的變化（Phenotypic Variations）。甚至在同卵雙胞胎的案例中，有關他們是否有相同的身體與心理結構這一點，現在也有愈來愈多的懷疑。

長久以來，個體心理學是建立在先天的身體結構這一事實上，但是它已經證明「心理結構」，只有在孩子生命的最先三、五年才出現。孩子是用形成「心理原型」的辦法做到的，原型包括個人的永久運動法則，原型的生活樣式則得感謝孩子的創造力，它用遺傳和環境的影響作為材料。只要這一構想成立，就可能讓我把一個家庭成員之間的歧異，看作大體上是所有家庭的典型，雖然每個個別案例都有它不同之處。

我認為我的問題解決了，如果能夠指出在每個孩子的生活樣式裡，都有他在家庭系列中的地位的印記。這一事實讓我們可以更加清楚地了解到個性發展的問題。因為，如果某些品性是和孩子在家庭系列中的位置相和諧的，那麼，就不再有什麼理由要去為個性的遺傳性格申辯，然後不斷強調人的個性，是來自人的肛門區或者任何其他區。

此外，我們不難了解，孩子如何因為自己在家裡的地位，而得到某一明確的個性。獨生子的困難已經多少為大家知道，在成人裡長大，大多受到過分照顧，父母經常為他擔心，然後他很快就學會唯我獨尊，想操控一切。他很快就學會把自己看成中心人物，而且以這樣的身分行動。父母的疾病或軟弱，常會使情況更加困難。更有可能的是，婚姻問題與離婚，會對孩子社會興趣有不好的影響。

如果孩子不只一個，長子因為境況特殊，他的體驗便會和其他孩子不同。有一段時間他是獨子，他便從這樣的處境獲得一切印象，而其他孩子出生後，他便被「篡位」了。這個詞彙，非常準確地表達了境況中的變化。從出生到「被篡位」這段期間，非常重要，因為它的影響很大，如果期間超過三年，那麼它在生活風格上的地位就已經建立了，一旦要他轉換新的生活風格，一定會造成很大的影響。

不過，必須清楚說明的是，即使是一年的間隔，也足以在孩子的整個人生裡，留下「篡位」的可見痕跡。在這裡，也必須考慮長子已經獲得的人生活動空間，以及第二個孩子到來，對這一空間所造成的限制。

無論如何，仇恨的衝動或死亡意願（Death Wishes），是我們有時會看到的，是社會興趣錯誤訓練的人為產物。我們知道這些產物，可是只常在被溺愛的孩子身上看到，而且常常是他們用來對付第二個孩子的。同樣的情緒與壞脾氣，可以在後來的孩子身上找到，特別是那些被驕縱放肆的孩子身上。第一個孩子受到更多溺愛時，因為他的特殊位置會比其他孩子佔優勢，通常他對「篡位」會有更加尖銳的感覺，可是類似的現象，也可以在後來的孩子身上觀察到。這樣的情況很容易引起自卑情結，也足以證明第一個孩子出生時，受到比平常更為嚴重的失落感，因此使得他將失敗的想法，逃避性地放到神話的領域裡。這是一個模糊的假定，只有那些缺乏個體心理學知識的人才會接受。

可以容易了解的是，第一個孩子對「篡位」的抗議，常常採取這樣的形式：承認所有既存權威的趨向，認為它有道理，並且和它站在一邊的趨向。這一趨向有時會讓他帶有明顯的「保守」性格，並非政治意義的，而是指和日常生活有關的事實。

我在迪奧多・方太勒（Theodor Fontane）寫的傳記裡找到一個顯著例子。羅伯斯庇爾在法國大革命中扮演了領導的角色，可是他的人格裡也有屈順權威的一面，在看到這一點時，人們也許會認為我們在做不必要的分析，但是，個體心理學反對不變的規則，因此應該要記得決定因素，並不是家庭中的地位，而是地位所造成的境況。

因此第一個孩子的心理造像，甚至可能在後來生的孩子身上出現，如果這個孩子把注意力放在下面一個孩子身上，如果他回應這一情況。有的時候，第二個孩子會扮演第一個孩子的角色，如果第一個孩子意志薄弱，這樣的情況偶爾也會發生，不可忽視。

保羅海斯（**Paul Heyse**）這一角色是一個好例子，他幾乎以父親的態度對待他的長兄。如果要仔細研究第一個孩子的生活樣式，在每個案例裡都可以找到一個隨時可供使用的研究方法，同時不要忘掉第二個孩子緊跟在他後面。他有時候可以從這一境況中逃出來，能以父母的態度對待第二個孩子，不過這只是追求優越的另一形式。

第一個孩子後面，如果在不太長的時間裡又生了個妹妹，看來可能會引起問題。他們的社會興趣常會受到嚴重傷害，最重要的理由是，女孩子在生命的最初十七年，不論在身心方面，都比男孩子成長得快，因此對前面的帶路人逼得更緊。常見的一個理由是，年紀比較大的男孩子，不僅以大哥的理由伸張自己，而且也錯誤地利用他的男性角色佔取優勢，而女孩子在現今文化的壓制影響之下，發展出明顯的自卑感，並且會更有力地向上發展，因此會獲得更加完全的訓練，而這也常使得她明顯地更為精力充沛。

這在其他女孩子的案例裡，也可以見到是「對男性性別的崇拜情結」的前奏。在女孩子的發展上這會有不同的後果，好壞都有，包括所有人的優缺點，愛情的拒絕與同性戀也沒有排除在外。

第二個孩子是在什麼樣的情況下，發展出自己的運動法則呢？在他前面總是有一個孩子在發展上比他先進，而且這個孩子多半會利用自己的優勢，不肯接受他為平等者，這就是他對所在環境的印象。如果兩個孩子年齡差距很大，就比較不會有這些印象，差距愈小印象也就愈強烈。它們可以有很大的壓迫性，如果第二個孩子覺得沒有辦法打敗第一個孩子。它們差不多會消失，如果第二個孩子一開始就是勝利者。不論勝利是因為第一個不行，或是比較不受歡迎。

無論如何，第二個孩子大力求進，精力比較充沛，脾氣比較衝動，幾乎是在每個案例裡都可以觀察到。這可以用來促進社會興趣的發展，也可以帶來失敗。必須找出：他主要是覺得在參加一次長兄有時也參加的比賽呢？還是覺得自己無法無時無刻都全速進行。

如果性別不同，競爭可能更加激烈，在某些案例中，甚至對社會興趣不會有大的傷害。一個孩子長得好看，這點必須考慮到。縱容兩個孩子中的一個是一種類似情況。可能被另外一個看作是嚴重的事，雖然在旁觀者看來，父母的關注可能沒有明顯的區別。如果一個是明顯的失敗，另一個可能常常讓人覺得會成功，雖然有時在開始上學或思春期來臨時，又可能證明實際情形不是如此。如果一個得到明顯的重視，另一個很容易就變成失敗。

人們常認為同性的雙胞胎有相同的性向，因為他們總是做同樣的事情，不論好壞；不過在這裡不要忽略一個是被另外一個拉著走的事實。在第二個孩子的案例裡會碰上那樣的場合，讓我們對他的直覺能力感到驚異，他這方面的能力勝過他的理智，而且顯然是進化的產物。

在聖經裡，雅各與以掃（Jacob and Esau）的故事把鬧翻天的次子的事實，弄得異常地清楚，雖然沒法假定當時的人有這方面的知識。

雅各渴求長子的繼承權和天使纏鬥（我不會讓你走，除非你祝福我），夢見一個直達天堂的梯子，這些都清楚顯示次子的競爭。甚至那些不願意認同我的人，在看到雅各鄙視長子女的證據，在他的一生裡一再出現時，也不能不感到印象深刻。他一再地向拉班（Laban）的第二個女兒求愛，對自己的頭胎孩子不抱多大希望，雙手交叉給予約瑟的次子更多的祝福，都可看到同樣的證據。

一個家裡的頭兩個孩子是女兒，二女兒在姊姊三歲時出生，大女兒在妹妹出生之後，變成一個狂野的叛徒。二女兒「猜想」做一個聽話的孩子對她有利，於是她變得特別受人喜歡，她愈受人喜歡，姊姊也就愈憤怒，並且持續她憤怒抗議的態度，直到相當大的年紀。而妹妹習慣在各方面都高人一等，在學校裡別人比她好時，她便感到震撼。

在學校的經驗，以及後來在人生三問題上的經驗，讓她開始退卻；同時，因為她仍害怕失敗，於是被迫用我稱之為「遲疑動作」（Hesitant Movement）的形式，建造起她的自卑情結，她因此受到某種程度的保護，並且不會有任何失敗。

她一再夢到自己在火車站遲到，這顯示她的生活風格的強度，甚至在夢裡也會出現，並訓練她忽視機會，不過沒有人可以在自卑感裡感到安心，進化規定每一個活著的存在往一個完美的目標奮鬥，這個奮鬥是沒有休息的，或者是往社會興趣的方向前進，或者是往其他相反的方向前進。

而第二個女兒選擇走「強迫性洗濯神經症」的路，因為她感受到這條路能令她較舒服。這種病，特別是在別人走近她時，會強迫她不停地清洗自己、衣服以及所有用品，因而讓她沒有辦法完成自己該做的工作。這個行為讓她消磨自己所逃避的時間，的確時間是神經症患者的主要敵人。因為在她的眼中，只有她是乾淨的；其他的人，其他的一切都是髒的。這都是因為這個孩子的母親過分溺愛，孩子外表看來沒事，但事實上她社會興趣的嚴重缺乏，是不需再多說，只有透過社會興趣的加強，才有可能治療，這也是不需要再補充的。

關於年紀最小的一個，可以探討的部分也很多。他會發現，和家中其他成員相比，自己根本是在一個完全不同的處境。他從來都不是獨子，至少老大有一段時間是那樣，而他後面沒有跟隨者，但其他的孩子都有。他也不像老二那樣，前面只有一個，而是有好幾個。

在大部分案例裡，他受到年長父母的溺愛，但也發現自己是處在一個尷尬的情況裡，被看成最小、最弱，最不被重視的。

整體來說，他的命運不是不快樂，但他每天都受到驅策，要贏過他前面的那些孩子。在許多方面，他的地位就像家中的第二個孩子一樣，雖然家中不同位置的孩子也會面臨一樣的問題，他可以比較容易從不同的層面上去超越他的兄姊，這是他的強處。他避免在誰比較好的比賽上做正面的鬥爭，而是設法從另外一個層次，另外一種生活樣式，另外一種職業來達到他的目的，這常是他的弱點所在。

如果用有經驗的個體心理學者的眼光，去看心理生活的運作，會經常發現這就是家中最小孩子的命運。如果家裡的人都是生意人，么兒常會變成詩人或者音樂家，如果其他成員是知識分子，么兒便走上工商業途徑。在這裡必須考慮到一點：在我們有瑕疵的文化裡，女孩子的機會比較受到限制。

在最小兒子的特質上，我對有關聖經裡的約瑟（**Joseph**）的討論已經引起普遍的注意。大家都知道便雅憫（**Benjamin**）是雅各（**Jacob**）的么兒，但他是在約瑟之後十七年出生的，而且大部分時間，約瑟根本不知道有這個兄弟。他對約瑟的發展沒有影響，大家都知道他是怎樣來往於他勤勉工作的兄弟之間，夢想著自己未來的偉大，他夢想做他們的主，世界的主，夢想能像上帝一樣，他們對他的夢又是如何的憤恨。

此外，他的父親對他也確實偏愛，但是他成了家庭與部落的支柱，不止如此，也是文明的救星之一。在他的所有行動與工作裡，我們都看到他的社會興趣的偉大。

民間傳說的直覺，提供了許多類似的例子。還有許多可以在聖經裡找到，也可以在各個時代與民族的神話裡找到。

在這些英雄傳說裡，只要有一個最小的兒子，他一定會是勝利者。這也可以在現代社會裡發覺到，在人類歷史的偉大人物裡，表現得出類拔萃的往往是最小的兒子，但他常常也是最顯著的失敗者。這點可以一再用下面的事實說明：他依賴一個溺愛或者忽視他的人，他就是在這樣的境況裡，錯誤地建造了他的社會性自卑感。

孩子在家庭中的位置這一領域，還有很多地方可以探討。它非常清楚地顯示，孩子如何利用他的處境，以及從中得到的印象作為材料，創造性地建造他的生活風格——他的運動法則及隨之而來的各種特質。這使得特質由遺傳而來的說法，逐漸不被重視，學者也許可能已經清楚地看到這點。

倫敦的克瑞克頓米勒（Crichton-Miller）告訴我，他發現兩個女孩子後面的第三個女孩子，會顯示相當強烈的對男性性別的崇拜情結，我有一些可以證實這個發現的案例。

我認為是因為在這一位置的女孩子，她們感覺到、猜測到，甚至體認經驗到，父母對於又生一個女孩子的不滿，所以她用一些方式來表達她對女性角色的不滿，如果在這個位子的女孩裡，看到相當強烈的違抗態度，並不會讓人感到驚奇。

夏洛特（Charlotte Buhler）強調發現了一個「抗議的自然階段」，以上說明了她的發現。個體心理學把它看成是人為的產物，可以讓我們得到更好的了解。

# 第十四章

# 白日夢／夜夢

【第十四章】

# 白日夢／夜夢

現在開始進入幻想的領域。這個功能也是進化過程的產物，不把它看作是統一的心理生活的一部分，整體的心理生活與外在世界的要求的連結體的一部分，就是大錯特錯。如果把它和自我，認為是對立的，那就是更大的錯誤了。相反地，幻想是人生活風格的一部分，性格來自生活風格。

從心理運動的角度看，它也接受個人運動法則的管轄，在精神存在的所有其他部分都留有它的印記。它的任務，在某些情況下，是要用心理的形象來表達自己，在另外一些時候，它躲藏在感覺與情感的領域裡，或者藏在個人對人生的態度裡。像所有其他心理運動一樣，它指向未來，因為它也和向著完美目標運動的那個波流一起流動。因此，很明顯的，在幻想或者夢境裡看到希望的實現，是沒有意義的事，並且認為這樣的做法，對夢幻結構的了解會有所貢獻，實在是件無聊的事，因為每個心理表現形式都是由下向上運動，由負面的境況向正面的境況運動，每個心理的表現運動，都可以形容為希望的實現。

猜測在幻想與想像裡常被使用，至少比在常識裡用得多，當然這並不表示幻想與想像中的猜測是「對的」。幻想在運作時，人是暫時和常識或人類共同生活的邏輯脫離了關係（在精神病的案例中則是永久），並且也和他現有的社會興趣脫離了關係。如果他現有的社會興趣不是特別強烈，這種關係的脫離是比較容易的，但如果已有足夠的強度，它可能帶領幻想往「使社區富有」的目標走。

無論如何，這個由自己發出的心理運動，總是會轉化成為思想，感覺，以及對人生的準備狀態。對這些判斷的不同解釋，在邏輯上來說是不太可能的。不過，這並不能阻止常識照其目前的標準，不拒絕這類成就。等到有一天，人們在對此問題有進一步了解之後，此一情形才可以避免。人如果在設法解決一個問題時，就會使得幻想也跟著運作起來，因為在尋求解決辦法時，他必須面對未知的將來。而在童年時所形成人的生活風格的創造力，仍在繼續作用著。

生活風格在裡面啟動的制約反射（Conditioned Reflexes）有千萬種結構，制約反射總是被用來創造某種全新的東西；它不會機械化地起作用，但是創造力是沿著人自己形成的生活風格，所定下的路線作用的，因此可以看出，是生活風格在指導幻想。在幻想的運作裡，可以看到人的生活風格，不論個人是否了解這一點，它因此可以作為一扇開啟的門戶，從此可以讓我們一窺人心的工廠。如果方法正確，就可以碰到自我或是人格的整體；如果一開始時就已經錯誤，你就會發現某種看來是對立的情形，例如意識與下意識的對立。

人的精神總是在不停地創造新的東西，偉大的觀念，偉大藝術品的起源，都得感謝精神的不斷運作，也許大部分的人對這些新創造的東西都有一些貢獻，至少他們接受它，保存它，利用它。「制約反射」的角色，大部分可能是在這裡扮演的，它只是在為創造的藝術家建造材料，而他的想像利用這些材料來超越以前的作品。

藝術家與天才無疑是人類的領袖，他們因為大膽而付出代價，在自己童年點起的火焰中燃燒自己：「我受苦，因此我成為詩人。」

我們的審美觀改進了，對顏色、形狀、線條有了更好的覺察力，這都得感謝畫家們。我們的聽力更正確了，發聲的器官在調音上也更加細緻，這是從音樂家那裡得來的。詩人教我們如何說話、感覺、思想；藝術家自己在童年一開始，就和嚴厲的自卑感掙扎著，要從它的控制中解脫出來，大部分都有各種的障礙：貧窮、視力有問題、聽力不正常，因此在童年早期，就已經感受到猛烈的刺激，不停地催促他向前求進，也可以算是受到某種特殊形式的溺愛。他極有野心，雖然面對一個有著太多限制的現實，於是拚命奮鬥，想為自己以及其他人拓展出一條寬廣的道路。他能引導其他特定的孩子，克服困難，從一般的水平中提升出來。

這種具壓迫性的，但也算是正面的受苦，我之前就指出過，是因為身體比較容易受到震撼，而且對外在事件的影響力，有著更大的敏感度的緣故。孩子的創造精神在他獨自玩的遊戲裡，以及玩遊戲的個人方式裡，可以顯露出來，每個遊戲都給予人有機會追求優越，而那些與其他人一起玩的遊戲，可以配合融入社會興趣的衝動裡，一起作用。

孩子與成人大部分的日夢與夜夢，都是朝著優越這個目標前進的，而且在一定範圍內，不受常識的束縛。人的想像力，似乎是為了補償心理的平衡，會令自己走向克服已知弱點的方向，雖然這條路並非成功之路。這個過程，從某種角度來說，是和孩子在創造生活風格所用的過程很類似。就在他感到困惑之處，幻想協助他，給他一種幻覺，讓他覺得自己有存在的價值，同時又能激勵他前進。

當然也有很多案例並沒有這種激勵成分，有的只是補償成分。如此說來，其實後面這種情況應該被看作是反社會的，雖然沒有真正付諸行動。幻想總是和帶領它的生活風格是一致的，如果它和社會興趣是走相反方向的，那表示社會興趣已經從生活風格中被排除了，對於檢驗者而言，那應該是一個指標。排除，可以應用在許多殘酷的白日夢上，這類夢有時是有關英雄事蹟，或拯救崇高人物的夢，通常表示做夢者在實際生活裡感到軟弱，在真實生活裡，取代它們的是膽怯、怕羞。

如果孩子常幻想自己是別人家的小孩，這應該是表示孩子對自己父母感到十分不滿。在精神病裡，幻想會去壓擠現實，以解除一直以來無法去除的痛苦。事實上，如果一個人的野心或境況不是自己想要的，他就可能逃到幻想的魔術裡去，但不要忘了，如果幻想能正確地搭配上社會興趣，我們可以期待真正偉大的成就，因為想像，如果可以喚醒期待的感覺及情感，那麼效果就和把汽車的節氣閥打開一樣，活動就會跟著增加。

想像活動的價值，尤其要看散布在其中社會興趣的數量，這點對個人和群眾都適用。如果你面對的病人是一個澈底的失敗者，那麼我們可以期待看到與病人擁有同樣錯誤幻想的角色，如撒謊者、騙子、吹牛者等是常見的例子，傻子也是其中之一。

人類的幻想是永遠不會休息的，即使沒有被濃縮成為白日夢，它也會指向一個優越的目標，像所有預言未來的希望一樣，去探尋未來。請記得，想像是生活風格這一方向的一個訓練，不論是出現在實際生活，日夢或夜夢裡，或是在藝術品的創造上。想像可以導致個性的提升，而在提升的路上，或多或少受到常識的影響，甚至做夢的人常常也知道他是在做夢。在睡覺的人，和現實從來也不是隔得太遠，很少看到他從床上掉下來，一切幻想所運用的手法，例如：誇張、明喻、隱喻、象徵、財富、力量、英勇事蹟、偉大功業、不朽等等，夢裡都會出現。

隱喻的煽動力也不可以忽視。儘管許多心理學家不了解，隱喻就是現實中富於想像的裝扮，兩者從來都不是同樣的東西。隱喻的價值無可否認，它能帶給我們更強的力量，但是若它因為煽動人的情感，而讓人的反社會精神被強化時，它就會被看成是有害的。無論如何，在每個案例中，它都會有以下的作用：喚起，並強化當時面對生活風格的問題，所需要的情感基調。這一事實，對於夢的了解會有所幫助。

要了解夢，必先考慮到睡眠。夢發生在睡眠時，沒有睡眠，夢就不可能發生，無疑地，睡覺是進化的產物，是一次獨立的調整，自然地和身體狀況的變化結合在一起，而變化會帶來睡眠。目前我們對這些變化，只有粗略的了解，也許宗德克（Zondek.B）對腦下垂體的研究，對它的了解有些幫助，目前只可以假定變化是和睡眠的衝動連帶發生的，睡眠明顯有使身體休息與復原的功能，因此也把所有身體與心理的活動帶到近乎休息的狀態。人每天甦醒、睡眠，使得他的生活樣式和日夜的交替更加和諧。醒者與睡者的區別，在於後者和白天的問題有著一段具體的距離。

但是睡眠並非死亡，人的生活樣式及運動法則，仍在不間斷地繼續著。睡的人會動，會在床上避免不舒服的姿勢；光線與吵鬧可以把他弄醒；能照顧在旁邊一起睡的孩子；也帶著白天的快樂與悲傷一起沉睡。在睡覺時，人還是關心所有的問題，睡覺並不會使人不去尋求問題的解決。嬰兒不安的動作會喚醒母親；如果真的有心，幾乎可以規律地在早上按時起床。我曾經指出過，睡覺時，身體姿勢是人的精神狀態，是一幅很好的寫照，就如同白天的情形。

心理生活的統一性，甚至在睡覺時也會持續，因此必須把夢遊、偶爾有的夢中自殺、磨牙、說話、肌肉緊張，以及抽搐性的雙手緊握等現象，看作是整體的一部分，並可以根據它們做出推論，雖然也得從其他的表達形式中進一步證實，情感在睡眠中也都是警醒的。

我們通常會肯定自己看到的東西，這可以說明夢為什麼通常是視覺現象。我總是對學生說：「如果任何時候對你的研究有所懷疑時，摀住你的耳朵，用眼睛去看病人的運動。」也許每個人都知道這件事，只是沒有說出來。夢所尋找的是這種確定性嗎？和清醒時的生活相比，夢離日常事務更隔著一層由生活風格指導的創造力，也更加不受現實立法者的拘束，因此，夢是否給予生活風格更有力的表現呢？這就要看想像的斟酌了，而想像是拴在生活風格上的。在其他時候，我們發現在一個人面對一個他能力所不能解決的問題時，或者當常識和社會興趣不夠，而無法處理時，想像也會站在生活風格的一面奮鬥。而夢也做同樣的奮鬥嗎？

有些人忽視個體心理學，或者認為它其實根本是沒有必要的。對此，我很推崇佛洛伊德，他最先提出有關夢的科學理論。這是一項無人能敵的永久成就，也沒有人可以低估他所做的，同時形容為屬於「下意識」的一些觀察，他知道的似乎要遠比他了解的多。不過，他強迫自己把所有的心理現象，圍繞著一個單一的統治原則──性慾力（Sexual Libido）──，這樣的做法，難免太過偏頗，他只把注意力放在那些惡作劇的衝動上，自然而然地把情況弄得更糟。我已經指出過，那些激動來自溺愛孩子的自卑情結，是錯誤教養的人為產物，是孩子的一項錯誤的自我創造物（Self Creation），永遠都無法讓我們去了解，在真實進化過程中所形成的心理架構。

「如果人能夠下決心，沒有區分、偏見，真實地，仔細地，把他所有的夢都寫下來，同時利用所有他記得的經驗，以及所有他讀過的東西，加以說明，並且下評注，那麼對人類會是一項可貴的禮物。當然，就人類今天的情形來說，沒有人會這樣做，雖然，即使是用來作為私下鼓勵人之用，也會有某種價值。」這是佛洛伊德說的嗎？不，是哈伯爾（Hebei）在他的回憶錄中說的。

在有關夢的研究方面，我有兩個支撐論點。第一個是佛洛伊德和他無法接受的觀點提供的，我從他的錯誤觀點中發覺的。我從來都沒有被心理分析過，也不會想要接受這類提議，若接受他的學說，會把人的科學公正性給毀掉，可是，我對他的理論相當熟悉，不僅能夠看到他的錯誤，而且能從一個溺愛孩子反射的形象裡，預言他下一步會做什麼。

我常向我的學生建議，要他們把佛洛伊德的學說弄得滾瓜爛熟。佛洛伊德和他的門徒非常喜歡把我說成是他的門徒，因為我曾在一個心理學團體裡和他有過辯論，可是我從來都沒有聽過他的演講，而在這個心理團體要宣誓支持佛洛伊德派的觀點時，我是第一個出走的人。沒有人可以否認，在清楚區分個體心理學與心理分析論方面，我做的遠比佛洛伊德要來得多，而我也從來沒有把我和他過去的討論拿來吹牛。

個體心理學的興起，以及它在心理分析的轉化上所產生的影響，讓分析派的人感到十分痛楚，我感到十分抱歉，但是我知道要滿足溺愛孩子對宇宙的想法是多麼困難。最後，令人驚奇的是，心理分析，在沒有放棄基本原則的情形下，正穩定地向著個體心理學的方向走。

在夢的了解方面，我的第二個較強的支柱是，一個在科學上得到證實，而且也從許多方面得到啟發的既成事實：人格的統一性。夢也是同樣屬於這個統一體。拿夢境和清醒時相比，它和現實影響的距離，經常是比較遠的，這個距離是生活風格所要求的，在清醒時的幻想裡也有，但是即使不談這點，也不可以把夢裡的心理形式，拿來支持假定夢裡的這類形式和醒時不一樣的任何理論。

我們可做出以下結論：睡眠和夢生活是清醒時生活的變種，以及清醒時生活是前者的變種。睡眠與清醒，兩種生活形式有一共同最高法則：不容許降低自我的價值感，或者用個體心理學的話來說，根據終極目標，去追求優越，藉以去除自卑感的壓力。這樣的方式或多或少偏離了社會興趣的方向；也就是說，它是反社會的，反常識的。自我從夢與幻想中取得力量，以解決迫切的問題，因為它缺少問題所要求的社會興趣。可以確定的是，人們對當下問題所感受到的主觀困難，扮演了社會興趣測驗的角色，而這種困難壓迫性非常強，甚至讓非常有自制力的人也做起夢來。

因此我在一開始就表明：每個夢境（Dream State）都有一個外在因素。這個不只是佛洛伊德所說的「白天的剩餘」，意思也不盡相同，它的意義在於它是測驗，是尋求解決辦法。它包括了個體心理學的「向目標的邁進」與「何處去」，以及佛洛伊德的退化，幼稚希望的現實是相反的，它朝向進化的向前湧進；同時顯示每個人是如何代表他想要走的路，也顯示他對自己的性質，自然以及人生意義的想法。

讓我們暫時不要把注意力放在夢境上。假定有個人面臨一次考驗，他覺得自己不夠成熟，無法應付，因為缺乏社會興趣，於是他逃到想像裡去。到底是什麼在逃？當然是依著生活風格行事的自我，目的是要找到適合於生活風格的解決辦法，不過，那也是代表，找尋的是一個和常識相違背的解決辦法，因此那一小部分有社會價值的夢便不包括在內。

這個辦法是和社會興趣相對的，可是能解除個人的痛苦與懷疑，而且也強化了他的生活風格，強化了他加諸於自我的價值。必須在這裡做出的結論是：夢是對生活風格的有目的的創造物，設法和社會興趣保持距離，而且代表那個距離，但是當社會興趣增大，或當情況更具威脅性時，有時會出現相反的情形，社會興趣會制服偏離的企圖。

個體心理學說，心理生活不能簡化為規則和程式，這又是一個例證，不過我們主要的論點並沒有受到影響，也就是說，夢所展現的是偏離社會興趣。

在這裡會出現一個反對的聲音，長久以來給我很大的困擾，不過我在夢方面的一個比較深邃的洞見得感謝它。如果剛才敘述的是正確的，那麼，又要如何去解釋，那些不被了解、不會注意，甚至是被遺忘的夢呢？沒有人了解他的夢，注意他的夢，而且大部分是被忘掉了呢？如果把那一小部分對夢有所了解的人排除，似乎看到的就只是精力的浪費，這是我們在精神經濟學的其他地方所看不到的。

不過在這裡，個體心理學的另一經驗可以幫助我們。通常人知道的比他所了解的要多。在夢裡，了解的力量是在休息中，那知道的力量是警覺的嗎？如果是這樣，那麼一定也可以在醒時的活動裡，看到類似情形的證據。

事實上，人對自己的目的毫不了解，可是他仍舊追求它；他對他的生活風格毫不了解，可是不斷受它的束縛。如果在他面對一個問題時，他的生活風格指向某一途徑，例如去一個酒會或是去做一件有成功希望的事，那麼思想與形象總是會在那時出現；我稱這些東西為「保障」，目的是要使這條途徑看來很吸引人，雖然它們不一定很明確地和目標在一起。丈夫如果對妻子不滿，他常會覺得另一個女人比較好，他自己對這兩者的關係並不清楚，更別說他了解裡面所包含的控訴與復仇。他知道最接近他的事情，可是除非他能把它們和他的生活風格，以及他當下的問題連在一起看，否則他根本無法了解它們。

此外，我已經指出過，幻想像夢一樣，必須把已知的很多常識去掉。許多作家常追問夢的常識，藉以指出夢是沒有道理的，這樣的做法很不合理。只有在很罕見的場合，夢會十分接近常識，但它永遠不會和常識合在一起，不過，說到這裡，我們可以看出夢的最重要功能：帶領做夢的人離開常識，而且，同樣的話也可以用在想像上，這是先前提過的。

因此在夢裡，他做了一次自我欺騙，根據我們的基本原則，我們可以加上另一次欺騙，這一次，面臨著一個因為社會興趣不足而無法解決的問題，要求他去找尋自己的生活風格，讓他能根據生活風格解決問題；同時因為他解脫了要求社會興趣的現實束縛，形象就一個接一個地在他身上湧現，提醒他自己的生活風格。

那麼，夢過之後，什麼都沒有留下嗎？這是一個最重要的問題。我相信我已經有了答案，人如果放縱自己幻想，就會剩下感覺、情感，與一個心態——這總是會留下的。依照個體心理學的基本原則，人格的統一性，這一切都是依據個人的生活風格在運作的。

一九一八年，在對佛洛伊德夢理論的首次批評裡，我根據自己的經驗表示，夢有一個向前看的目的，它對做夢者有很大的影響力，要他能按照自己的特殊方式解決問題。後來，我藉著下面事實的建立，把我的見解完成了；夢是用「寓言的」隱喻，以比較的圖像，有點像是詩人希望喚起感覺與情感時所用的方式，但是這又把我們帶回到清醒時的狀態，而且我們可以補充說，完全沒有詩才的人，在希望製造印象時，也會使用比較的辦法，即使只是使用「驢子」、「老太婆」這類罵人的話。教師在沒有辦法用簡單的字眼解釋一樣事情時，也會用同樣的辦法。

在比較時，會有兩樣不同的事情出現，這樣的確會比直接的表達方式更能激起人的感情。在詩的藝術及高尚的演說裡，比喻的使用，坦白地說，是象徵藝術的勝利，可是一離開藝術的領域，就可以看到比較所帶來的危險。「比較讓人覺得厭惡」，一般人的確有這種看法，他們認為比較的使用有欺騙的危險，因此，如果不能忘掉夢中使用比較圖像的事實，我們在這裡會得到和以前一樣的結論。「比較」扮演起欺騙做夢者激起情感的角色，同時也製造了一個和生活風格相符合的心態。很可能的是，因為一個需要仔細考察的問題，夢出現前總是有一種可以和懷疑比擬的心態，不過如果是那樣，和生活風格一致的夢，會從千百個可能的形象裡，去選擇那些對它目的有利，而且會因為生活風格而不要常識的形象。

現在，我們可以看出：做夢者的幻想，也會跟隨生活風格所指向的進步與優越的方向走，甚至在它需要記憶形象（Memory Images）時，例如其他思想、感覺、行動，也不例外。雖然這些形象在驕縱孩子的生命裡，是在錯誤中發生的，即使他們同時也表達了對未來的期待，而導致讓我們做出下面錯誤的結論：幼稚的希望可以用這些辦法來獲得滿足，或者這顯示又回到一個幼稚的階段；此外，不要忘記生活風格會為自己的目標選擇形象，因此可以從它所做的選擇裡去了解它。

夢的形象被吸收到外在因素裡去，這使得我們可以找到做夢者為了完整表現他的運動法則，所追隨的運動路線，而這條路線是他的生活風格對問題所要求的解決方案，所反應的結果。他所處立場的弱點在於：他接受了比較與直喻的幫助，而這些東西以造假的方式，來激起真實意義與價值無法測試的感覺與情感，而它們又會把生活風格所指導的運動加強及加速，就好像把更多的汽油注入到一個正在開動的引擎裡，因此夢的不可了解性，並非偶然的，而是一種必然。在許多病人清醒的生活中，當他希望用一些牽強的理由來為自己的錯誤辯護時，也可以看到同樣的不可了解性。

正如在清醒時一樣，做夢者使用另一種辦法來去除生活中的理性，或者只處理與當下問題一同發生的不重要現象，或者把當下問題的重要面給去除。

我再次拒絕為夢的解釋定下規則，因為那和貝克梅塞（Beckmesser）的學究式體系不同，是需要更多的藝術靈感。夢所能告訴你的，都可以從其他的表現形式中推論出。它僅僅能夠讓觀察者看到舊的生活風格是有效的，而去提醒病人注意這一事實。這無疑幫助說服病人，在夢的解釋上，只能做到：讓病人了解他像潘妮洛普（Penelope）一樣，在晚上得把她白天織造的一切給拆掉。

在碰到感覺上性質相類似的問題時，一再出現的夢，是生活風格所指導的運動法則的表現。短暫的夢，顯示問題已經被簡潔地回答了，或迅速地決定了，而記不起來的夢，可以推測是表示情感色調，在和生活理性對照之下很強，而為了要找到一個比較好的規避後者的辦法，就必須把原有知識材料蒸發掉，只剩情感與態度留下來。時常可見的是：焦慮性的夢，反映在面臨失敗時升高的焦慮，愉快的夢反映的是比較有力的「許可」，或者與現實情況的對照，為的是要激起所有較為強烈的厭惡感。

掉落的夢，是最常見的，顯示夢者對於失去自己的價值感（Sense of Worth）感到焦慮；可是同時夢的空間用語，也顯示做夢者有「在上」的錯覺，若是有野心的人，渴望做使他能超越其他人的事時，他便會做飛行的夢，這是他為優越而奮鬥的凝聚物。

而這種夢常常會有掉落的夢相伴產生，這就是對有野心的冒險奮鬥者的一個警告；而掉落之後成功著陸，常是透過感覺而非言語表達出來，這樣的夢在多數情形中可能顯示的是安全感，乃至命定感，讓做夢者確信不會有麻煩出現。

趕不上火車或喪失機會，大多可以解釋一樣既定品性的表現，而用遲到或機會失落的辦法來逃避，讓他感到恐怖的失敗。衣衫不整，然後又感到驚恐，那樣的夢，大多數是因為覺得自己有瑕疵，但是又怕被別人發現。動態的、視覺的、聽覺的傾向常在夢中顯現，不過總是和對當前問題的一種明確態度結合在一起，若是在罕有的場合中，這類夢有助問題的解決，這是在一些個別的例子中發覺的。

如果做夢者扮演的是觀眾的角色，幾乎可以確定，他在清醒時，會對扮演旁觀者的角色感到滿足，性方面的夢可以有不同的方向，有時顯示的是性交方面訓練的缺乏。尿床的孩子常常夢見在恰當的地方尿尿，因為感到被人忽視，他發現用這種懦弱的方式，可以很容易地把自己的怨恨及復仇欲望表達出來。

在我的著作裡，有很多經過解釋的夢，因此在這裡不再舉例。下面的一個夢，可以把它看作是與生活風格相關的一個說明。

一個男人有兩個孩子，常常和妻子吵架，事實上，這樣的情況，兩人都有責任。丈夫知道妻子並不是因為愛而和他結婚；他一開始就是個驕縱的孩子，但是後來被另外一個孩子篡位。不過，他在學校裡學會了控制自己的脾氣，他甚至會在困難的情況裡，花很多工夫去和對手和解，雖然可以想像得到，這些努力是很少成功的。

他常常會以極端的態度和妻子相處；有時候，他會耐心地希望能創造親愛與信任的氣氛；有時候，當他的自卑感出現，不知如何應付時，又會猛然發怒。妻子完全摸不著頭緒，因為丈夫是以非常親愛的態度對待兩個男孩，而他們也如此回應。太太外表是個冷漠的人，讓她無法在孩子面前和丈夫爭寵，於是他們之間的距離愈來愈遠。在丈夫看來，這像是她根本不關心孩子，為此他常責備妻子。他們的婚姻關係就在這種情況下繼續下去，不過兩個人都避免再有孩子。

有一段很長的時間，兩個婚姻伴侶的關係可以這樣形容：先生只能在強烈的情感中看到愛，然後覺得自己被騙了，喪失了在婚姻上應該享受的權利；而妻子的生活風格本質讓人覺得，她是一個冷漠的人。對先生和孩子缺乏她所希望擁有的溫暖，她做了一些無用的嘗試，想把婚姻繼續下去。有一天晚上，丈夫夢見一個流血的女人，她的身體彷彿無感覺似的，被人四處拋擲，我和他的談話，讓他回想到有個醫學院的朋友，帶他去看解剖室的一幕。他也證實，他曾經兩度見證妻子的生產，對他有很深的影響。他對夢的解釋是：不想再次看到妻子分娩。

還有這樣一個夢：「我彷彿是在尋找我的第三個孩子，他不是走丟了，就是被人劫持了，我非常焦急，似乎所有的努力都沒有結果。」

但事實上，這個人沒有第三個孩子。很明顯地，是他一直在害怕，第三個孩子會有危險，因為他的妻子並沒有能力照顧孩子。這個夢是在嬰兒劫持事件之後發生的，這顯示了與他的生活風格以及用心——希望和一個沒有溫暖的人斷絕關係；還有部分原因是，他不想再有孩子的決心。這個夢誇張地強調妻子忽視孩子這一點，可是也像第一個夢一樣，指向同一方向：對生產行為的過度害怕。

夢的符號主義（Dream Symbolism），是佛洛伊德所用的名詞，也許應該對這一名詞表示一點看法。的確，從遠古以來，人就有那樣的傾向，把日常生活的事物，拿來和性以外的其他活動與物件做滑稽的比較；這是我可以從自己的經驗中證實的，而為何要比較呢？

因為人喜歡吹牛，喜歡開玩笑，希望把嚴肅的事情輕鬆化，以及讓語言符號裡的情感重音有表現的機會。去了解這些在民間故事與街坊歌謠裡可以找到的日常符號並不難，更重要的是，了解它確實在夢裡發生，而且有明確的目的，這個目的才是我們所要了解的。

# 第十五章

# 人生的意義

【第十五章】

# 人生的意義

人生意義這個問題，要有實在的價值與意義，一定不可以忘記人與宇宙的關係體系。如果能做到這點，就可以很容易地看出在這一關係中的宇宙，是擁有塑造的力量。

宇宙，可以說是一切有生命的物體的父親，而一切生命為了滿足它的需要，無不經常在從事鬥爭。

這並不表示宇宙裡面有一種衝動，當一經開展，就可以在後來完成生命中的一切，而是表示有一種內在的東西，它是生命本身的一部分，一種鬥爭，一種衝動，一種自我發展，一種沒有它就無法想像生命的東西，活著的意思也就是發展自己。把一切流動的事物，簡化為一個形式，不把它看作運動（Movement），而把它看作是「凍結的運動」，也就是說把運動變成形式，人的精神已經太習慣於做這樣的事。我們個體心理學者有相當的時間，是走在把我們認作形式的轉變為運動的路上。

大家都知道成長的個人，是從一個單一的細胞發展出來的，但是也應該知道的是，在這個細胞裡已經有發展所需要的各種成分，生命如何來到這個地球，是一個會引起爭議的問題；也許永遠都找不到最後的回答。

生物本來是一個極小的統一體，再由此發展，這只有在宇宙影響的認可下才能發生。司姆士（Smuts）在他具創意的《整體與進化》（Wholeness and Evolution）一書裡，有他自己的看法。

我們也可以像他一樣思考，可以假定無機物質也有生命，近代物理科學告訴我們電子如何圍繞著質子轉，讓我們有這樣的想法。

這個觀念最後會不會證明，我們不知道，但可以確定的是，我們對生命的看法不能再被懷疑了；也可以確定的是，生命裡有一個向自保、繁殖、與外在世界接觸（這個接觸一定得要勝利，如果生命要繼續存在下去）。奮鬥的運動。從達爾文的學說裡，可以了解自然為什麼會選擇那些能把外在世界的要求，變成為自己優點的品類。拉馬克（Lamarck）的觀點（比較接近我們的觀點）提出證據，告訴我們在每個生命形式的內部，都有創造力的存在，所有的生物都在創造地進化著。這一事實告訴我們，在每個品種的發展途徑上，都分配有一個完美的目標，積極去適應宇宙需求的目標。

如果希望了解生命前進與運動的方向，就必須從發展，以及對外在世界積極適應這條路開始。我們必須知道，要面對的是一種原始的東西，一種執著於原始生命的東西。它一直是必須克服的問題，一個個人與人種間穩定的問題，一直是一個促進個人與外在世界之間的有利關係的問題，而這種為了做更好適應的衝動，是永遠都不會結束的。早在一九〇二年，我就有了這個觀念，同時使得人們開始留意：那個「真理」，對上述在主動適應上失敗的生物是一個經常性威脅，更可能造成民族、家庭、個人、動植物品種的滅亡。

主動適應可以說是一種從永恆觀點而言的適應，因為只有在最遠的未來，能被看作是在身體與精神方面正確的發展，才是「正確的」；此外，主動適應表示：身體與心靈，以及整個有組織的生命，必須努力達到終極適應的地步，也就是說，對宇宙所定的一切利弊的完全掌控，只能繼續一個有期限的明顯妥協，遲早會在真理的壓力之下滅亡。

我們身處於進化的巨流中，並不會去注意它，就像不會去注意地球在自轉一樣。在這個宇宙關係裡，個人的生命是整體的一部分，為外在世界的勝利吸收奮鬥，是關係中的一個條件。在生命一開始時，有此一奮鬥嗎？即使人們對這一點有所懷疑，但在過去的幾十億年，讓人清楚看到，追求完美的奮鬥，是每個人都有的天生職責。

這點也顯示另外一個觀點。我們都不知道什麼是應該走的唯一正確途徑，人類做過許多嘗試，想像人進化的這一最後目標，宇宙應該對生命的保存感到興趣，這一信念比一個虔誠的希望多不了多少。

這樣一個希望，可以把它當作是用在宗教、倫理、道德上的一個強有力的動力，以促進人類福利。在史前時代的部落裡，人們會去崇拜神物，崇拜蜥蜴，會把陰莖的形象當作神物崇拜，這些在科學上似乎都沒有道理。可是不可忽視的：這一原始的宇宙觀，促進了社區生命以及人類的社會興趣，因為在同一宗教狂熱掌控之下的每一個人，都被看作是兄弟，被看作是不可侵犯的，而且得到有權者的保護。

到目前為止，在提升人類方面的最好構想是上帝的觀念。這一觀念裡真的包括一個目標，那就是邁向完美，這個具體的目標，和人的那種模糊的、追求完美的渴求是最符合的。

在我看來，每個人對上帝都有不同的看法。有些人對上帝的構想，從一開始就和完美的原則相去甚遠，不過對它最單純的形式，我們可以說：在那裡，完美目標的陳述是成功的。在設定宗教目標上非常有效的原始能力不是別的，正是社會興趣，它要把人更加緊密地結合在一起，必須把它看作是進化的遺產，進化衝動向上奮鬥的結果。人們做過無數的嘗試，希望能設法代表這個完美目標。

我們這些個體心理學者，特別是那些必須處理失敗、處理精神官能症患者、精神病患者、犯罪者、酗酒者等的醫生學者，在這些嘗試裡也看到了優越的目標，不過它帶領人往一個與理性完全相反的方向走，讓我們無法把它看作是一個非常恰當的完美目標。

舉例說明，有人希望能支配別人，於是就用這樣的方式，把他的完美目標具體化。在我們看來，這一目標不適於用來指導個人或是群眾，因為它不能成為每個人的任務，許多人把依賴其他人看作完美目標，這在我們看來也是和理性相反的。有些人把問題放在一邊，不去解決它，藉以逃避失敗，不然他就無法避免失敗，而失敗是和他們的完美目標違反的。這樣的目標在我們看來，也是完全不適合的，雖然在許多人看來是可以接受的。

如果把視野放寬，提問下面的問題：有的生命形式選擇的完美目標是錯的。當走錯了路，沒有走上能令自己進步的路，因此在主動適應方面失敗了，它們的結果會如何呢？回答是：品種、人種、部落、家庭、成千上萬個人的滅亡，一點都不留痕跡。它們給我們的教訓是：找一個差不多的目標，正確程度甚至只要能說得過去，對每個人是多麼重要。

其實一個人的人格發展，他的表達形式、看法、思想、情感、宇宙觀，都是受著完美目標的指導。

每個個體心理學者都明白：一條不能與真理完全一致的路線，會給使用這條路線的人帶來傷害，甚至滅亡。如果對於必須走的方向，能有更多的了解與知識，那將是很幸運的發現，因為我們畢竟是沉浸在進化的洪流裡，而且被迫走這條路。

在這部分，個體心理學也有很大的成就，就像它在建立普遍追求完美這一事實方面有很大的成就一樣。由於它的多重經驗，它能夠某種程度地了解，要往哪個方向去找理想的完美，它的確也建構了社會興趣這一準則，為我們指出了這一方向。

社會興趣的最重要的意義是：為一個必須看作是永遠適用的社區形式奮鬥，例如，在人到達完美境界時，能被看作是永遠適用的形式。它不是任何今天的社區或社會的問題，或政治、宗教形式的問題；相反地，最適合於稱為完美目標的，必須在整個人類裡都能看成為理想社會，必須是進化的終極實現。

當然，人們會問，我怎麼能知道？的確，沒有辦法從我的即刻經驗中知道，也必須承認，那些在個體心理學裡看到形而上學成分的人是很對的。這在某些人看來是值得稱讚的，雖然有另外一些人譴責。

不幸的是，許多人對形而上學有錯誤的想法：他們希望把所有無法直接了解的觀念，都從人生裡排除。這樣做會限制新觀念的可能發展，當下的經驗永遠都不會產生任何新的東西，只有把這些連在一起的總括性的觀念，才能帶來新的東西。

這個新觀念可以稱之為玄想的、超越的，但是幾乎所有的科學都以形而上學為歸宿，我不懂為何大家都要附和它，它對人的生活與發展有很大的影響。我們並沒有擁有絕對真理，也沒有那樣的福分；因此，對未來，對行動的結果，不得不做出理論。

作為人類最後形式的社會興趣觀念，一種想像的狀態，在這裡面，人生的所有問題都解決了，人和外在世界的所有關係也正確地調整了，這是一個調控性的理想，一個帶給我們方向的目標。這一完美目標，內部必須含有理想社區的目標，因為我們在生活裡所在乎的一切——能夠延續而且繼續延續下去的，永遠都是這一社會興趣的產品。

在前面的章節裡，我敘述了現今個人方面與群眾方面的社會興趣，事實，結果與缺點；為了人類知識與個性科學，我盡了最大的努力把我的經驗說出來，同時指出要如何去了解個人與群眾的運動律動以及它們的錯誤。在個體心理學裡，一切無可爭辯的經驗事實，都是從這一觀點（社會興趣）去考察，去了解的，而它的科學體系，更是在這些壓力之下發展出來的，它所得到的結果彼此沒有矛盾，而且也可以被證實。

為了滿足一個嚴格科學學說的要求，個體心理學已經做了一切所能做的，它提出了相當多的經驗，並把它們安排在一個和它們配合又不相矛盾的體系裡；也提供了經由訓練得到的，依據常識做出判斷的能力，有了這個能力也就表示，你已有能力從經驗與體系的關係裡去看經驗。每個案例在心態上都和其他的不同，也總是讓人有機會在藝術猜測方面再做努力，這個能力因此也就更加重要了。

我把個體心理學拿來解釋人生的意義，像是在冒險維護它作為一個宇宙觀的權利，不過我必須排除所有分辨善惡的道德與宗教方面的想法，雖然我排除它們，但長久以來我仍確信倫理、宗教以及政治運動，都一直是在要讓人生意義獲得完全表現的機會，以及它們是在社會興趣的壓力之下發展的。

個體心理學在涉及到它們時，本身的立場是取決於它的科學知識，以及它把社會興趣更有效地發展成為知識更直接的努力。依據這個立場，每個傾向，如果它的方向能夠毫無疑問地證明，是受著普遍福利的目標指導的，就應該看作是有理由的。任何信條，如果違反這一目標，如果可以被該隱（Cain）的問題「我是我兄弟的守護者嗎」所傷害，就應該看作是錯的。

在我們出生時，只是看到祖先已經完成的，也是他們對進化的貢獻，以及所有人類較高程度的發展，光憑這一點，就可以知道生命是在繼續進步的，知道我們是在努力地接近一種完美的整體的境況。從這個角度來看，所有社會運動的形式都是暫時的，只是為了將我們帶往理想社會形式的一種準備。

在走向理想社會的路程上，我們可能會誤入歧途，雖然如此，但總是可以讓我們更貼近這個目標。這也顯示有無數的社會成就，只能在某種情況內延續一段時間，而且可能過了這段時間之後，反而會變成有週期性的，所以，我們也不必執著於以某種方式去達成我們的目標，只要能到達終點就好。

人類的一般福利與較高的成就，是建立在祖先永遠不會滅亡的貢獻上，他們的精神永遠不死，就像有些人在他們孩子的生命中得到永生一樣。人種的延續，就是建立在這兩個因素上的，人類是不是知道這點無關緊要，我們所關心的是追求真理的奮鬥，而不是擁有真理。

如果我們問：「那些對一般福利完全沒有貢獻的人，他們的結局會如何？」事實就變得更明顯了，答案是：消失了，什麼也沒有留下。他們在身體與精神上都被收服了，地球已經把他們吞食了，許多動物品種消滅，就是因為沒有辦法在宇宙之中達成他們的目標，他們所碰到的，也就和那些品類所碰到的一樣。毫無疑問地，彷彿有條祕密的詔令，就像是對宇宙下了這樣一道命令：「走開！你沒有掌握到人生的意義，你不能延續下去。」

這的確是一條殘酷的法律。古代可怕的神祇以及圖騰觀念，威脅要毀掉所有和社區作對的人，只有它們才可以和這條法律比擬。

因此，對於在一般福利上有貢獻的人，我們的重點是放在貢獻的永恆性上，我們不會認為自己是最有貢獻的，而且能夠在每個案例裡精準地說什麼是永遠有價值的。我們也確信自己會犯錯，確信任何問題的解決都只有靠謹慎、客觀的研究，而且常常必須把決定留給事件的過程去審判，我們盡量避免任何對社區沒有貢獻的事，也許在這方面是向前跨了一大步。

今天的社會興趣和過去相比，範圍要寬廣很多。在不了解自己在做什麼的情形下，我們常常用錯誤的方法，在教育上，個人與群眾的行為上，宗教上，科學與政治方面，設法建立配合人類福利的和諧關係，而自然的，具有最多社會興趣的人，也是最接近了解這一未來和諧的人。

整體來說，這一基本社會原則（社會興趣），並沒有毀掉那些對它感到困惑的人，而且為他們的支持開了一條路。如果孩子已經解決未來人生要有多少社會興趣的問題，如果沒有進一步干涉，以後就不太會有變化，記得這個事實，再回頭看一下今天的文明生活，就會留意到一些對孩子社會興趣發展產生重大傷害的情況。

學校教育裡對戰爭的歌頌，就是一個例子。孩子社會興趣可能還不成熟，所以會不自覺地去適應一個可能強迫他去對抗戰爭的世界。

教育會讓他覺得，能盡量殺人是一件光榮的事，雖然被殺的人，或許對人類未來是有一定的價值，死刑也會產生同樣的結果，儘管程度上有所差別。人們也許會認為，死刑不是殺害同類人的問題，而是殺害一個殺人犯的問題，可是這樣的想法，對幼小心靈所受的傷害並沒有什麼幫助。

未能解決的財務問題，也證明對社會興趣的發展是一個很沉重的負擔。自殺、犯罪；虐待老年人、殘障者、乞丐、僱工；人種、宗教社區的偏見與不公平交易；虐待弱者、孩童；婚姻裡的爭吵，任何有關社會階級與社會問題的一切，都會影響孩子的社會化發展，再加上從小被寵壞的孩子、被忽視的孩子，都會使他們在成為社會一員的發展過早結束。

我們所能做的，除了讓孩子融入這個社會，就是在恰當的時候對孩子說明：第一，社會興趣的發展到今天為止，仍舊是比較低水平的；第二，真正的社會成員必須為謀社會福利，讓自己更加社會化；第三，不要去期待別人可以代替你來完成這個任務。如果你用戰爭，用死刑，用宗教或種族仇恨的辦法，去達到較高的發展，即使是出自一片好心，也一定會導致下一代社會興趣的降低。還有人生，同志關係，愛情關係庸俗化，讓人清楚看到社會興趣的貶值。

在說到美德時，我們的意思是指這個人扮演好他的角色；在說到罪惡時，是指他干擾合作。我更清楚說明，失敗之所以成為失敗，是因為它妨礙社會興趣，不論涉及到的人是孩子、精神官能症患者、罪犯或是自殺者。在每個案例中，都可以見到缺乏貢獻的現象。孤立的人，在整個人類的歷史裡是無法生存的，人類的進化，可能只因為人類是一個社區；在追求完美的過程中，它在追求一個理想的社區。

這個事實在人的每個運動、每個功能裡表現出來，不論他在以理想社會為特色的進化之流裡，是不是找到了正確的方向。

理由是社會理想不停地在不可侵犯地指導、阻礙、處罰、稱讚、提攜人，因此，每個人不僅要對每個偏離它的行為負責，而且要為此付出代價。這是一條十分嚴厲甚至殘酷的法律，那些已經發展出強烈社會興趣的人，不斷地努力要舒緩它的嚴厲程度，目的是要幫助走錯方向的人。因為個體心理學第一個指出的理由，就是一個迷路的人，如果這個人了解他因躲避進化，而走偏了方向，那麼他就會放棄他現有的途徑，而加入到廣大的群眾之中。

人的一切問題要求、合作的能力以及為它所做的準備工作，都是社會興趣可見的標誌，勇氣與快樂也包括在這個能力裡，不會在別的地方找到。

在所有個性特色裡，都可以看到社會興趣的程度，它們沿著同一條路走，這條路是通往優越的目標，它們是和生活風格交織在一起的指導路線，生活風格塑造了它們，也一再表現它們。語言有太多的欠缺，沒有辦法用一個字來表達心理生活的創造物，所以當我們說「個性特色」時，也就忽視了這個用詞所隱藏的多重特質。因此，對那些依靠語言的人來說，字句裡閃爍著矛盾，結果永遠也沒辦法清楚看到心理生活的統一性。

所有我們稱之為錯誤的一切，都顯示著社會興趣的缺乏，也許這個簡單的事實可以讓許多人信服，所有孩童時期與成年時期的錯誤，所有家庭，學校，工作，愛情，以及與他人關係中的錯誤個性特色，全都起源於社會興趣的缺乏，它們可能是暫時的，也可能是永久的，而且有著千百種的不同。

如果仔細考慮一下過去及現在的個人與集體的存在，會見識到人類為追求更強社會興趣的奮鬥。人類知道這個問題，而且對它有深刻的印象，這是顯而易見的，今天的擔負是缺乏完全社會教育的結果，是我們關閉在內心的社會興趣。為了激勵我們往一個更高的階段走，同時去除公共生活與自己人格上的錯誤，這一社會興趣存在我們內心裡，同時努力實現它的目標，雖然它看來不夠強，無法抵擋所有反對的力量。

但在遙遠的將來，如果人類有足夠的時間，社會興趣的力量會勝利，會打敗所有反對它的力量，一個一直都存在的合理期待。那時，人有社會興趣是很自然的，就像人有呼吸一樣，現在我們唯一的選擇，是去了解那是不可避免一定會出現的，同時教導這一點。

# 附錄一

# 諮商者與病人

【附錄二】

# 諮商者與病人

在我開始工作時，就已經知道我們的基本原則——最早童年形成的生活風格的統一性，雖然那時我並不了解它，但它讓我能夠立即假設：來尋求諮商的人，在他一出現時就顯露了他的人格，儘管他自己不太清楚。從病人的角度來看，諮商是一個社會問題，人與人之間的每次會面，都是一樣的問題。每個人會根據自己的運動法則介紹自己，專家常在第一眼，就可以對病人的社會興趣有所了解，假裝是很難騙到有經驗的個體心理學者。病人會期待輔導者有很多的社會興趣，然而經驗告訴我們，不要在社會興趣方面對病人有很多期待，因此不會對他有太大的要求。

在這裡有兩項考慮，可以給我們重要的幫助：第一，一般說來，社會興趣的水平不高；第二，我們通常面對的是一些在孩提時代被溺愛過，以後又無法擺脫他們的不真實世界的人。有些人會問：「為什麼要愛我的親友？」許多讀者也許會接受這一事實，並不會覺得怎麼樣，但不要忘記，在聖經裡也問過類似的問題。

病人是怎樣看待別人的，他的神態顯得有力還是軟弱，這些都可以透露很多訊息。如果和病人談話，一定要他坐在某張椅子上，或是在一個特定的時間，並把它視為一個規則，那麼就會出現很多東西。

第一次面談時，應該完全沒有限制，讓他變成考驗，甚至他的握手方式也可以告訴你一個明確的問題。我們可以常常看到被溺愛的人會靠在一樣東西上面，或是孩子緊抓著他們的母親。每樣事情對諮商者的猜測能力都是一個問題，因此在這些案例裡，避免嚴厲的規則，同時做一次仔細檢查，較好的辦法，是不要把自己的看法說出來，這樣就能在了解案例之後，適當地運用它，而不會傷害病人的過度敏感性，這點應該是心理諮商者必須知道的。

有的時候應該告訴病人，喜歡坐哪裡就坐哪裡，不要指著一張特定的椅子。病人和醫生或諮商者的距離，正像在學校孩子案例中的情形一樣，是有關病人性情的一項重大訊息；此外，嚴格禁止在這類諮商中使用專業的醫療用語或技術用語，這尤其重要。個體心理學者要記得，不要認為自己是專業人士，就妄加猜測病情，請確實求證，也不要一副很懷疑的態度，應該把案例形容為值得考慮，不是沒有希望，即使自己不大願意採取那樣的看法，除非是一個絕對沒有希望的案例。我認為不干擾病人的動作有好處，讓他隨自己的意思站起來，走來走去，或是抽菸，甚至有時候，我會讓病人在我面前睡覺，這是他們的提議，目的是想讓我的工作更加困難。這樣的態度對我來說是一種語言，就像是直接在我面前反駁我一樣。

病人也可以說得很少，或是什麼也不說，講話不停地繞圈子，不面對問題，或者說個不停，不讓醫生有說話的機會，他們的這種方式明顯地表達他不想合作。個體心理學者會避免以下情況：打瞌睡、睡覺，或打呵欠，顯露對病人沒有興趣；使用嚴厲的字眼，提供過早的勸告，或者讓自己被看成是唯一能幫助他的人；不遵守時間、爭吵，或者宣稱已經沒有治癒的希望。

在最後那種情形，我建議直接說明自己已經無法處理這個案例，同時把病人轉介給其他可能更有辦法的人。刻意裝成很有權威的樣子，根本就是失敗的前奏，所有吹牛對治療都是一種障礙，從治療一開始，諮商者就應該確實告訴病人能不能治好，責任是在病人自己手裡。有一句英文諺語說得很好：「可以把馬帶到水邊，但是卻沒法使牠喝水。」

把治療成功歸功於病人，而不歸功於諮商者，應該是一項嚴格的規則。輔導者只能指出錯誤，病人必須把真理在生活中表現出來，我們已經看到，所有失敗的案例都是因為缺乏合作。因此，從一開始，就應該盡全力使病人與諮商者合作，只有在病人信任輔導者的情形下，那才有可能成功。因此，這個共同的工作是極端重要的，這是第一個認真的科學嘗試，目的是要把人的社會興趣提升到一個較高的層次。

有一件要注意的事，是諮商者必須嚴格避免的；用堅持被壓制性成分的途徑。其他的治療者，在病人有永久自卑感，而且對輔導者沒有什麼信心的情況下，也會使用它。諮商者可能會說，每個沒有實現的希望，在驕縱的人看來都是壓制，因此，我願意在這裡再說一次，個體心理學不要求對合理的或不合理的希望採取壓制行動，不過，它的確教導我們：必須認識不合理的希望，是和社會興趣相反的，壓制不會使它消失，但是增加社會興趣則可以。

有一次，我真的受到一個軟弱的、患精神分裂症的男人的威脅，別的醫生說他無法治療，過了三年後他才來看我，而我把他完全治好了。

他剛來時，我知道他必定期待我也會放棄，會拒絕接受他。他的問題，是從小開始就有的，有三個月的時間，在治療的過程中，他一句話也不說，我會利用這段時間，不停地向他解釋我所知道一切有關他的事，我也在他的沉默中，看到有種想阻礙我的想法，以及在其他行動中看到類似的感覺。在他想舉手打我時，我知道他對我的態度已經發展到了極限，我立刻決定不要防禦，跟著又是一次攻擊，他把一塊玻璃窗打碎了，他的手流了一點血，我以最友善的方式替他包紮（不過在這種情況下，我不會勸其他人，以這種方式處理）。在我完全確信已經可以治療這個人時，我問他：「你覺得怎麼樣？我們倆在治療上要怎樣才能成功？」他回答：「很簡單，我已經失去一切生活的勇氣，不過在我們的諮商中，我又找到了。」個體心理學教導，勇氣是社會興趣的一個方向，所有認識這個簡單真理的人，都會了解這個人的轉變。

在任何案例裡，病人都應該知道：在治療方面他是絕對自由的，可以隨自己的喜好做任何事情或是不做，可是我們必須避免讓他覺得，一開始治療，症候就會立刻消失。輔導人員在一名癲癇症患者的首次諮商裡，告訴他的親戚，如果不去管病人，讓他一個人獨處，他就不會再發病。結果當天他就在街上出現猛烈的痙攣現象，造成下巴骨折。另一個案例不那麼讓人難過，一名青年患了偷竊症，到診所向心理醫生求治，結果在第一次諮商之後，他把醫生的雨傘拿走了。

我要提出另外一個建議。醫生應該約束自己，不向任何人洩露他和病人之間的談話；另一方面，病人應該有絕對的自由，只要他認為恰當的話都可以說。當然這裡有一個危險產生：病人把醫生的解釋，當成「大眾」心理學使用，或者病人會埋怨自己的家人，這點也常見到，你可以事先向病人說明：只要他覺得自己很好，沒什麼好責備的，他的家人也就沒有什麼可以責備的。

此外，也要讓他知道：不能期待家人會有比自己更多的知識，以及生活風格是他利用環境的影響建造的，他自己必須負責；同時你也可以提醒他，父母犯了錯時，是可以怪罪父母的，這樣就會一代一代責怪下去。事實上，世上根本沒有什麼人是可以去責怪的。

有一點也很重要，病人不應該認為：個體心理學者的工作，只是要來增加他的收穫與榮耀的。尖銳地保護病人，只會造成傷害，這同時適用於對其他諮商者的貶抑，或鄙視性的談話。

舉一個例子來說明一切。有個精神緊張的人，筋疲力竭向我求治，他的情形證明是害怕失敗的結果。他告訴我，有人向他推薦另外一位心理醫生，希望可以去看看，於是我把地址給了他，隔天他來看我，並告訴我他和那個醫生會面的情形。那個醫生在聽完他的病歷後，建議他採用冷水洗療的辦法，病人說他已經試過五次，都沒有成功。於是那個醫生介紹他去一個管理良好的機構做第六次嘗試，病人說他已經去過兩次，仍沒有成效。後來，他對那個醫生說，想來找我接受治療，那個醫生勸他不要這麼做，同時向他表示阿德勒大夫只會建議，病人回答說：「也許他會建議一個可以把我治好的辦法。」然後就走了。

請求各位心理諮商者，不要在病人面前貶抑別人，即使你是正確的，錯誤的意見的確應該被糾正，但請你以科學的方法去做，而不是影響病人的心情。

如果病人在第一次會面時，不確定是不是要接受你的診治，那麼就別急著做決定，等過幾天再說。通常病人會問治療要多久，這是一個不容易回答的問題，但我認為這是一個合理的問題，因為有很多來看我的人，曾經聽說有的治療延續了八年之久，結果最後仍沒有成功。

個體心理學的治療，如果做得適當，在三個月內至少可以覺察到部分成效，在大多數的情形下，期限甚至更短。無論如何，成功要靠病人的合作，因此，正確的做法是強調下面的事實：治療期限要看病人，而醫生的方式則是，如果他在個體心理學方面有很好的基礎，會在半個小時之內找出病人的行事方式，但是醫生必須等待，等到病人也開始認識自己的生活風格與其中的錯誤。我強調上述事實的目的，是希望在一開始就能先打開大門，讓社會興趣進來，不過我有時也會加上一句：「如果過了一、兩個星期，你仍不相信我們是走在正確的路上，我會停止治療。」

不可避免的收費問題，會帶來麻煩。我常碰到這樣的病人，即他們在來看我之前，已經在治療上花費不少金錢。諮商者收費的標準，一定得合於當地習慣的標準，他也可以把案例需要的額外時間與努力列入考慮，不過，應該避免過分的要求，如果那樣做會傷害到病人，就更應該如此。

免費治療要做得很有技巧，不要讓窮苦的病人覺得好像醫生對他不太有興趣，他們大多數對此很敏感；盡量不要以一次付清的方式，倒不是因為治好與否沒有保障，而是會在病人與醫生之間的關係裡，引進一個新的動機，而使得治療更加困難。

收費應該以週或月為單位，但最好是在期限結束時收取。任何一種的要求或期待，對治療都是有害的，甚至微不足道的好心服務。病人常會主動餽贈禮物，請予以拒絕，在治療期間不應該有相互的邀請，或者共同的拜訪。治療自己的親友更不容易，因為自卑感在認識人的面前，會變得更加沉重，這是很自然的，而治療的人也不願意去追溯病人的自卑感，而且必須盡更多的努力讓病人覺得自在。

注意下面幾點：第一，讓病人只注意錯誤，絕不去想內在的缺陷；第二，指出有治好的可能性，同時讓病人覺得他和其他人一樣重要；第三，指出社會興趣普遍低落的事實。這幾點在個體心理學裡是可以做到的，任何緊張的局面就可以緩和下來，這也幫助我們了解為什麼個體心理學，從來沒有碰到過其他體系所碰到的巨大「抵抗」的痕跡。

在每次約談時，都應該注意病人是否走在合作的路上，每個手勢表情，帶來討論的材料，甚至是未帶來討論的材料，都會提供這方面的證據。對夢的完全了解，可以讓我們有機會考慮已有的成敗以及合作的分量，但是在激勵病人往某個特定方向行動時，要特別小心。如果有任何這方面的談話，醫生不要表示贊成或反對的想法，不過除了那些會有危險的事物或工作外，醫生應該告訴病人確信他會成功，但目前還不能正確判斷出他是不是真的準備好去做這件事。在病人沒有獲得更多社會興趣之前，鼓勵病人去做任何事情，可能會造成一些反彈，而讓病症加重。

對於病人在職業的問題上，可以採取比較強有力的步驟。這不表示應該命令病人去從事什麼職業，而只是向他指出，他在某個行業上最有準備，那條路最可能成功，在每個治療階段中，必須嚴格遵守鼓勵病人的方法——每個人都可以做任何事情。這是個體心理學的一個信念，許多自命不凡的人看到這個信念，就覺得自己的腳趾像是被人踩了一樣，可是我們必須如此採取行動。

# 附錄二

# 阿德勒生平紀事

【附錄二】

# 阿德勒生平紀事

阿德勒（Alfred Adler，1870-1937）是現代著名的精神分析學者，也是「個體心理學」的創始者。阿德勒曾與佛洛伊德合作過十年，後因對佛氏的泛性論不能苟同而與之拆夥，繼而發展自己的人格理論。其學說以「自卑感」與「創造性自我」為中心，並強調「社會意識」。

一八七〇年二月七日，出生於奧地利維也納近郊，父親昂波里德是一個猶太商人，他從小生活舒適安逸，物質生活滿足。

他在六兄弟中排行老二，哥哥體格健壯，是個典型的模範兒童。他從小因為患有脊椎症（Rachitis），而身體羸弱、無法做激烈的運動，和兄長相比，他覺得十分自卑，而與兄長有一種激烈的對抗情緒。他弟弟在他三歲時因病去世，自己在五歲時又染上肺炎，差點死掉，因此使他長大後立志要成為醫生。

在學校念書時，數學很差，老師幾乎要放棄他了，但因為他父親的支持與鼓勵，最後他成為班上最優秀的學生之一。

一八九五年，他進入維也納大學取得醫學博士學位，剛開始是當眼科醫師，他特別注意身體器官的自卑，認為它是驅使個人採取行動的真正動力。

一九〇二年，因讀了佛洛伊德的「夢的解析」而深受感動，於是參加了佛氏所主持的研討會，曾在精神分析學會佔有重要的地位，後來因「伊底帕斯情結」（Oedipus Complex）學說上的意見，與佛氏發生衝突，便於一九一一年離開佛氏，之後另組自由精神分析學家聯誼會，開始走向個體心理學之路。

一九一二年，阿德勒發表論文「神經質性格」，推出自己的學說和主要概念，奠定個體心理學派的基礎。第一次世界大戰期間，他擔任奧地利軍隊的醫生，戰後對兒童輔導產生興趣。

一九一九年，他建立「學校心理衛生中心」，是維也納學校制度中第一所輔導診療中心，從事問題兒童及其家人、學校教師的諮商工作，它相當於現在的諮商中心，由醫師和教師共同參與。

一九二四年，在維也納召開第一屆個體心理學大會，自此以後，幾乎每年一次。一九二六年，將個體心理學介紹到美國。

一九二七年，出版「個體心理學的理論與實際」（其人格學說概觀的代表）及「了解人性」。

一九三一年，在維也納創辦第一所個體心理學實驗學校。一九三五年，定居美國，並開業為精神科醫師。

一九三七年，受聘赴歐洲講學，由於過度勞累，心臟病突發，猝逝於蘇格蘭亞伯丁市的街道。

現今美國、加拿大、歐洲等地，共有三十多個阿德勒學派培訓學院，和一百多個專業阿德勒學派組織。

國家圖書館出版品預行編目(CIP)資料

自卑情結：你的困境，由你的認知和生活風格決定 ／ 阿德勒作. --初版. --[臺北市]：人本自然文化, 2014. 04
面；　　公分. --（心理系；017）

ISBN 978-957-470-629-7（平裝）

1. 精神分析學

170.189　　103003890

人本自然

心理系 017

**自卑情結**

你的困境，由你的認知和生活風格決定

作　　者／阿德勒
出 版 者／人本自然文化事業有限公司
出版總監／吳定驥
責任編輯／陳品妤
協力編輯／郭玉平
校　　對／陳妍如、陳品妤、楊蕙苓
封面設計／周家瑤
電　　話／(02)2552-8418
傳　　真／(02)2552-8486
地　　址／10361 台北市民權西路108號2樓之一
製　　版／海王印刷事業股份有限公司

總 經 銷／彙通文流社有限公司
23150 新北市新店區中央五街42號
電話／(02)2218-2708　傳真／(02)8667-6045
劃撥帳號／19650094 彙通文流社有限公司

讀者意見信箱／service@3eyeintegrated.com
訂書信箱／sdn@3eyeintegrated.com
香港經銷商／〔時代文化有限公司〕九龍旺角塘尾道64號龍駒企業大廈3樓C1室
〔一代匯集〕九龍旺角塘尾道64號龍駒企業大廈10樓B&D室
〔香港聯合零售有限公司〕新界大埔汀麗路36號中華商務印刷大廈


2014年04月　初版一刷 

## 彙通文流社有限公司團體/專案訂購

訂購單位:　　　　　　　　　　日期:　　年　　月　　日

連絡人:　　　　　　　　　　電話/手機:

送貨地址:

| 書　號 | 書　名 | 出 版 社 | 數 量 |
|---|---|---|---|
| | | | |
| | | | |
| | | | |
| | | | |
| | | | |
| | | | |
| | | | |
| | | | |
| | | | |
| | | | |
| | | | |
| | | | |

【合計】　共 ________ 種　　　　　共 ________ 冊

**請將此單直接傳眞或放大影印，如不夠塡寫，也請自行影印！**

**24小時傳眞專線　(02) 8667-6045　　客服專線　(02) 2218-2708**

| | | | |
|---|---|---|---|
| 廣 | 告 | 回 | 信 |
| 板橋郵局登記證 | | | |
| 板橋廣字第698號 | | | |
| 免 | 貼 | 郵 | 票 |


23150

新北市新店區中央五街42號

## 彙通文流社有限公司　收

電話／(02)2218-2708　傳真／(02)8667-6045

劃撥帳號／19650094　彙通文流社有限公司


請沿虛線剪下對折寄回

人本自然——Living Nature

BOH017 **自卑情結**

你的困境，由你的認知和生活風格決定

## 會員回函・入會申請函

■ 謝謝您購買本書，請詳細填寫本卡各欄，對折黏貼並寄回，即可成為會員，可享有購書一律九折價，並可不定期收到本出版社之最新資訊。

■ 欲知本書相關書評・參加線上讀書會・投稿
詳情請上網站 http://www.3-eye.com.tw/

◆ **姓名：**＿＿＿＿＿＿＿＿ □男 □女 □單身 □已婚

◆ **生日：** 年 月 日 □第一次入會 □已是會員

◆ **身分證字號**（會員編號）：＿＿＿＿＿＿＿＿

（此即您的會員編號，為日後購書優惠之電腦帳號，敬請如實填寫）

◆ **E-Mail：**＿＿＿＿＿＿＿＿ 電話：＿＿＿＿＿＿＿＿

◆ **住址：**＿＿＿＿＿＿＿＿

◆**學歷：**□高中及以下 □專科或大學 □研究所以上

◆**職業：**□學生 □資訊 □製造 □行銷 □服務 □金融
□傳播 □公教 □軍警 □自由 □家管 □其他

◆**閱讀嗜好：**□兩性 □心理 □勵志 □傳記 □文學 □健康
□財經 □企管 □行銷 □休閒 □小說 □其他

◆**您平均一年購書：**□5本以下 □5~10本 □10~20本
□20~30本 □30本以上

(以下1~4項請詳細填寫)

◆1. **購買此書的金額：**＿＿＿＿＿＿ ◆2. **購自：**＿＿＿＿＿＿ 市(縣)
□連鎖書店 □一般書局 □量販店 □超商 □書展
□郵購 □網路訂購 □其他

◆3. **您購買此書的原因：**□書名 □作者 □內容 □封面
□版面設計 □其他

◆4. **建議改進：**□內容 □封面 □版面設計 □其他
**您的建議：**

Living Nature Cultural
SINCE 1999

Living Nature Cultural
SINCE 1999